극일에서 분단을 넘은 박애주의자
박열

극일에서 분단을 넘은 박애주의자 박열

| 김인덕 지음 |

글을 시작하며

나는 그를 사랑한다. 나는 지금 그가 나에게 저지른 모든 과오를 무조건 받아들인다. 먼저 박열의 동료들에게 말해 두고자 한다. 이 사건이 우습게 보인다면 뭐든 우리 두 사람을 비웃어달라고. 이것은 두 사람의 일이다. 다음으로 재판관들에게 말해 두고자 한다. 부디 우리 둘을 함께 단두대에 세워달라고. 박열과 함께 죽는다면 나는 만족스러울 것이다. 그리고 박열에게 말해두고자 한다. 설령 재판관의 선고가 우리 두 사람을 나눠놓는다 해도 나는 결코 당신을 혼자 죽게 하지는 않을 것이라고.

— 再審準備會 編, 『박열·가네코 후미코 재판기록』

1926년 3월 25일 일본 재판장은 박열과 가네코 후미코에게 사형을 선고했다. "재판장 수고 했네! 내 육체야 자네들 마음대로 죽일 수 있겠지만, 내 정신이야 어찌 할 수 있겠는가." 그리고 가네코 후미코는 만세 삼창을 했다.

그는 자신의 사랑과 열정을 국가와 민족, 한 여인을 위해서는 아낌

이 없었다. 그는 한국의 아나키스트이자 일본 황태자 암살계획을 주도했다. 그의 삶은 격동의 20세기를 올곧게 살아온 조선 청년의 참모습이었다.

박열을 자신보다 사랑한 가네코 후미코金子文子는 사랑하는 연인을 두고 먼저 갔다. 박열에게 가네코 후미코의 죽음은 충격적이었다. 박열은 행복한 사람이었다. 혁명가는 비장함과 차가움으로 인식된다. 혁명가는 그 대상이 국가와 민족이든 한 여인이든 상대방을 뜨겁게 보듬을 수 있는 사랑과 열정이 있는 사람이다. 박열은 그런 요소를 모두 갖고 있는 사람이었다.

우리는 박열을 일본 황태자 암살계획으로 22년 2개월이라는 긴 시간을 옥중에서 보낸 항일운동가로 알고 있다.

박열은 많지 않은 글을 남겼다. 「흑도회 선언」과 기관지(『흑도』, 『후테이센징』, 『현사회』)의 기사들, 『일본 권력자계급에 전한다』, 『나의 선언』, 『무위도식론』, 『음모론』 그리고 『신조선혁명론』 등이 그것이다.

그는 1921년의 「흑도회 선언」 이후 일관되게 청년들이 주의와 주장에 끌려 다니지 말고 자기의 신념에서 우러난 사상으로 첫발을 내딛는 것이 중요하다고 주장했다. 그는 일본제국주의 세력을 타도하기 위해서 직접 행동할 수밖에 없다고 했다. 일제를 혼란으로 몰아가는데 직접 행동하는 것이 타당성이 있다고 생각했던 것이다.

해방의 현실 속에서 박열은 권력이 집중되는 것을 거부했다. 그는 지방제도를 근본적으로 개혁할 수만 있다면 완전한 조선독립의 길은 성취된 것이나 다름없다고 생각했다. 박열은 노동력이나 기술 그 자체로는 '전능성'을 갖지 못하고 서로가 조합함으로써 비로소 '전능성'이 생긴다고 했다. 그리고 생산 위주 아닌 소비자 중심의 경제관을 갖고 있었다.

지방화시대에 사는 오늘 우리에게 박열은 여러 이야기를 전해준다. 다시 박열을 보는 출발점에서 우리는 민족운동을 통해 아나키즘을 실현하며 옥중에서도 꿋꿋했던 그를 기억하고자 한다.

이 글의 작성에는 황용건선생님의 많은 도움과 김명섭선생님의 교시 그리고 김삼웅선생님의 선행 연구와 문경 박열의사기념관의 각종 자료가 도움이 되었다.

 늘 신경써 주시는 청암대학교 강명운 총장님과 재일코리안연구소의 정희선 소장님께도 감사를 드린다.

2013년 8월 15일

김 인 덕

차례

글을 시작하며 _ 4

1 박열 누구인가
박열, 그는 진정한 아나키스트였다 _ 10
투사 박열 사망하다 _ 13

2 박열 태어나다
박열, 세상에 나오다 _ 20
함창보통학교 생활 _ 26
경성고등보통학교 생활 _ 32
3·1만세운동 _ 35

3 항일운동가 박열
도쿄로 간 박열 _ 41
아나키즘의 수용 _ 42
조선인 유학생과 도쿄조선고학생동우회 _ 52
흑도회와 잡지 『흑도』 _ 55
흑도회의 분화 _ 64
가네코 후미코와 만남 _ 68
폭탄 구입 문제 _ 72

흑우회의 결성 _ 79
　　관동대지진과 조선인학살 _ 83
　　불령사, 항일운동의 새로운 모색 _ 93
　　박열사건의 왜곡 _ 99

4 옥중에서도 저항한 투사 박열
　　예심판사와의 법정투쟁 _ 103
　　가네코 후미코의 죽음 _ 124
　　옥중 생활 그리고 전향 공작 _ 130

5 박열, 새로운 민족의 지도자 되다
　　감옥에서 나온 민족지도자 _ 136
　　재일조선인 사회의 형성 _ 141
　　재일본조선거류민단의 창립 _ 153
　　한국에 돌아오다 _ 165
　　한국전쟁과 북한으로 _ 169

6 글을 마치며 _ 172

박열의 삶과 자취 _ 176
참고문헌 _ 183
찾아보기 _ 187

01 박열 누구인가

박열, 그는 진정한 아나키스트였다

박열朴烈은 옥중에서 자기 생활을 만들어 갔다. 그는 휴머니시트, 필란트로피스트(박애주의자)였다. 비록 권력의 본질에 주목했지만 거기에서 멈추지 않았다. 박열 사상의 일부분을 1924년 2월 쓴 『일본 권력자계급에 전한다』에서 볼 수 있다.

그대여 그대들은 남부끄러움을 모르는가. 너희들의 제국주의적 야심은 우리 조선조국을 강간적으로 병합하지 않았는가. 합의적으로 병합되었다 하더라도 너희들 배짱이 어라나 나쁜배짱이라는 것을 알아라. 붉은 피를 토하며 쓰러질 때까지 반항하여 싸우겠다. 동근동족지임으로 독립의 필요가 없고 또 독립의 의의가 없다 얼마나 미친폭언이냐. 아세아 인종은 동족동근이라는 것을 각성 이 문제를 근본적으로 해결하지 아니하면 안 된다. 조선도 전통있다. 우리들 조선민족의 대부분은 이것을 항상 깊이 사랑하고 존중하고 옹호하고 있는 것이다. 강드일본 완전히 멸망하지 않는 한 영원히 전쟁이 계속 된다는 것을 알아라.

일본 권력의 본질과 이에 대한 전면적 대항, 이것이 그가 감옥에서도 생각한 조선적인 것이다. 민족애와 인간애, 이것이 박열을 만든 개념어이다.

박열은 23세인 1924년 12월『나의 선언』에서 넘치는 인간사랑을 표현한다. 나를 죽이는 인간사랑, 사랑의 깊이를 보이고 있다.

보아라. 현실의 인류사회에서 그 어디에 진실로 아름다운 '상애호조·공존공영'의 사실을 발견할 수 있을 것인가. 국가는 각종 정책을 세워서 민중의 기만 수단을 강구하고 있다. 민중은 국가의 강권 때문에 항상 협박당하며 유린당하고 있다. 생산 소비의 관계에서는 흡혈귀인 빌부 소소의 자본가들이 모든 공산기관을 독점하고 노동자계급을(은) 흡협귀인 자본가들의 악랄한 손아귀에 잡혀 있다. 일본 민족의 권력자 계급은 모든 강국에 대해서는 빈번하게 인종차별 철폐, 인종 평등을 주장하고 다른 한편으로는 조선, 대만, 유구(지금의 오키나와)의 모든 민족을 정복하고 또 중국 민족을 모멸하고 있다. 인류의 상애호조·공존공명, 이것은 꿈이다. 이상이다. 어리석은 인류의 본성은 너무나 자주 나를 속이고 배반했다. 문명은 원래 허위이다. 자연은 만인이 똑같이 따라야 하는 선량하고 공평한 것은 아니다. 신은 가장 추악하고 어리석은 본성을 가진 인류를 창조했다. 신은 인류를 멸망시켜가는 것이다. 나는 신에게 등을 돌린다. 모든 것을 멸하라! 나 자신을 죽어갈 것이다. 거기에 참된 자유가 있고, 평등이 있고, 평화가 있다. 허무를 위해 축복 있으라!

그는 근본적으로 무위도식 무능력자로써 유토피아만 그리는 공허한 사상가들을 거부한다. 그렇지만 박열은 가면 쓰기와 진정한 인간해방을 논의한다. 24세인 1925년 3월 『음모론』을 저술한다. 그는 근본주의자의 자기 성찰을 하고 있다. 그는 1920년대를 다음과 같이 보았다.

아! 이 저주할 현사회여. 제국주의적 자본주의 권력 조직은 이를 하루 속히 멸망시키지 않는한 무권력자가 일어설 땅은 없는 것이다. 우리들은 그 국가를 교란하며 감시를 물리칠 것을 알고 있으면서도 그것을 한다면 국가가 그것으로 구가에 대한 반역 행위로 몰아서 예의 군대와 경찰관을 보내어 학살 혹은 감옥에 떠밀쳐대는 일이 없는 그런 방법이 아니면 안된다. 그것은 무엇인가? 음모이다. 음모가는 폭탄과, 총과, 칼과 독과 사람의 힘, 그리고 자기의 생명을 가지고 그 목적의 실현을 기하려 하고 있는 것이다. 국가라는 것은 어떤 국가든 힘의 국가라는 것은 알아야 한다. 자유는 힘과 함께 온다는 것을 알아야 한다. 자유를 사랑하는 우리들 무산무력자가 당연히 취할바 행동은 직접 행동이다. 잠들고 있는 영혼을 불러 일으키는 대역사건을 결행하기 위하여 나는 음모를 기도한 것이다. 이것이 나의 음모론이다.

박열의 투지가 보이는 글로 진정한 휴머니즘, 이른바 자유는 힘과 함께 온다는 것을 얘기하고 있다. 그는 이를 통해 진정한 인간해방을 이야기 하고 있다. 휴머니즘의 본질은 자기 해방에서 출발한다는 것이다.

투사 박열 사망하다

1974년 1월 17일 북한 방송을 청취한 일본 통신 보도에 의해 박열이 73세로 서거한 사실이 알려졌다.

1974년 1월 19일자 여러 신문은 박열의 죽음을 알리고 있었다. 그 죽음의 주인공을 두고 "박열씨(氏)", "박열의사", 그리고 한국일보는 "항일투사 박열씨"라고 보도했다. 18일 도쿄발 합동통신은 "납북 박열씨 사망"이라는 제목으로 한국전쟁 때 납북되었던 박열씨가 17일 오전 1시 숙환으로 사망했다고 18일 평양발신 보도로 전했다. 당시 보도는 향년 73세 "재북평화통일촉진협의회 회장"으로 소개했다.

이날 밤 빈소를 마련하고 검은 상복으로 갈아입은 장의숙(張義淑) 여사는 찾는 이 없어 쓸쓸한 빈소를 홀로 지키고 있었다. 빈소에는 박열 의사의 옛친구인 오세창(吳世昌)이 써준 헌시 '滄海力士名震列邦堤上忠魂生還故國' 한 폭이 걸려 있었다. 그리고 1968년 일본으로 보냈던 대동강가에서 찍은 박열의 사진이 영정으로 모셔져 있었다.

한국에서는 조야(朝野)가 합동으로 박열의사추도식 준비위원회를 구성했다. 그 해 2월 8일 상오 11시부터 서울 중구 명동 기독교여자청년회관에서 국내외 각계각층의 추모인사 1,000여 명이 모인 가운데 추도회가 열렸다.

곽상훈 회장의 개식사에 이어 재일본대한민국거류민단장의 행적보고, 이은상 집행위원장의 조사와 3부 요인의 추도사가 있었다. 성신여고 합창단의 선열추모가 합창에 이어 헌화와 유족대표 예사를 마지막으로 박열 의사 추도식은 막을 내렸다.

추도식 집행위원장인 노산 이은상은 다음과 같이 조사를 읽었다.

모든 국민이 존경하는 박열 의사의 영전에 삼가 조사를 바칩니다. 의사는 실로 지나간 일제의 압정하 반세기간에 있어서 한국 남아의 기개를 떨쳐 민족의 저항 사상에 잊을 수 없는 큰 기록을 남긴 이였습니다.

그러나 의사께서는 너무도 기구한 운명을 타고 나셨고 또 너무도 한 많은 일생을 보내신 끝에 이제 우리와 더불어 영원히 만날 수 없는 다시는 못오는 먼 길로 떠나셨습니다.

더욱이 의사의 유골조차 모시지 못하고 빈 제단 앞에서 통곡하는 우리들의 슬픔이야말로 다른 어느 때보다 오히려 배나 더한 것임을 굽어 살피옵소서.

돌아보건대 의사께서는 진작 소년 때 조국을 잃어버린 쓰라린 원한을 가슴에 품고 몸소 적도 동경으로 건너가 큰 목적을 달성하기 위한 사상적인 수련과 함께 기회를 노리던 끝에 마침내 일본천황 부자를 일시에 저격함으로써 조국을 침략한 일본제국주의를 말살하고 그로써 조국광복과 인류평화의 계기를 지어보려 하다가 불행히도 의거의 뜻을 이루지 못한 것이 의사의 첫째 한이었습니다.

박열의사

그러나 다시 헤아리건대 그것은 마치 저 창해역사滄海力士가 박랑사중博浪沙中에서 진시황을 저격하려다가 뜻을 이루지 못한 것과 같아 비록 역사가 진황을 때리지는 못했으나 진나라는 때렸다고 평할 수 있듯이 의사께서도 설사 일황을 때리지는 못했을망정 일본은 때렸던 것이어서 한국 남아의 의기를 세계에 떨쳤던 것이니, 의사여! 눈을 감으신 오늘 그 첫째 한을 거두옵소서.

또 의사께서는 고금 역사를 통하여 가장 장기간의 철창 생활을 맛본 이로서 인생의 꽃다운 청춘시기 23년 동안을 암흑한 옥중에서 헛된 세월을 보낸 것이 의사의 둘째 한이었습니다.

그러나 그것도 또한 저 신라의 충신 박제상朴堤上이 왜의 형장에서 오히려 큰 소리로 꾸짖으며 굴하지 않았던 것 같이 의사께서도 온갖 위협과 회유 앞에서 추호의 동요도 없이 끝까지 조국의 이름을 욕되게 하지 않고 그 서릿발 같은 지조와 기백을 천하에 자랑했던 것이니, 의사여! 눈을 감으신 오늘 그 둘째 한도 거두옵소서.

그리고 또 의사께서는 광복과 함께 해방되어 나와 자유로운 조국 땅에서 평생의 포부를 펴 보려하다가 그나마도 불행하게 일할 수 있는 무대를 잃어버리고 무자비한 북한공산당에게 납치되어간 채 기이하게도 또 다시 23년 동안이나 유폐되어 지내다가 마침내 돌아올 수도 없는 기구한 운명 속에서 세상을 마친 것이 의사의 세 번째 한이었습니다.

그러나 그것 역시 헤아려 보면 의사께서는 해방 후 첫 사업으로 재일거류민단본부를 설치하여 조국의 전통과 자유를 파괴하는 적색 공산도배와 싸우며 자유대한의 갈 길을 밝히고 후생들에게 바른 궤도를 놓아주심으로써 이미 큰 업적을 남기셨습니다. 의사여 눈을 감으신 오늘 그 셋째 한 마저 거두옵소서.

박열 의사!

혹시 우리들의 범속한 생각으로 헤아려 볼 때, 의사께서 마지막 가실 적에나마 사랑하는 처자와 동지들 앞에서 숨을 지우시지 못한 것이 인간적인 점에서 한스럽게 생각도 됩니다마는, 그것도 다시 헤아리면 저 신라의 영웅 소나素那 장군이 대장부 '어찌 부인의 손 아래서 죽을까보냐' 했던 말 그대로 편안한 집안에서 와석종신臥席終身하는 것이야 본시부터 의사의 원하시던 바 아닐 것이요, 다만 우리는 그것보다 큰 인물이 역사적인 큰 일을 더 못하고 가신 그것을 원통하게 생각하는 것입니다.

우리가 좀 더 높은 차원에서 생각해 볼 때 의사께서는 결코 한 마을 한 고을의 작은 인물이 아니요, 실로 나라의 큰 인물이라, 백두산 밑 조국 땅 어느 곳엔들 못 묻히리까마는 그래도 의사의 유골마저 공산도당들의 냉혹한 대우를 받을 것이 염려스러워 지금 당장 우리 손으로 옮겨 모셔다가 자유대한 고향 땅에 평안히 묻어 드리고 싶은 마음 간절합니다.

다만 예로부터 지극히 맑고 의로운 이의 혼백은 그냥 헛되이 사라지는 것이 아니요 사후에도 능히 큰 일을 한다합니다.

그러므로 저 신라의 충신 김후점의 무덤에서 매양 소리가 들려나와 집권자를 바른 길로 이끌었던 것같이 의사께서도 어느 곳에 계시든지 완악惋愕스런 공산도당들을 꾸짖고 호령하시어 자유·평화·통일의 길을 열어 주시는 음조가 되어 주실 것을 믿는 것입니다.

더욱이 요즘에 와서는 또 다시 일본제국주의의 망령이 되살아나서 새삼스레 민족의 통분을 사는 일이 한두 가지가 아니므로, 응당 의사의 영특한 혼백은 다시금 일본을 노호하시어 저들의 회오悔悟할 줄 모르는 완맹한 두상에 통봉을 가해 주실 것을 믿습니다.

박열 의사!

의사의 생명은 결코 육신에 있는 것이 아니요, 오직 조국을 사랑하는 그 정신에 있고 장부의 불굴하는 정의의 기백 속에 있고 세계의 민주평화를 달성하려는 그 이상 속에 있는 것입니다.

그러므로 우리가 의사의 정신과 기백과 이상을 계승하는 한 의사는 우리 속에서 우리와 함께 영원히 살아 계실 것입니다.

그리고 또 오늘 우리들이 의사의 영전에 추도의 제전을 바치는 것도 결코 한갓 의사의 영혼을 위로해 드리려 함에 있는 것 아니요. 실로 의사의 정신과 기백과 이상을 계승 실천할 것을 다시금 다짐하는 데에 참뜻이 있는 것입니다.

의사께서는 항상 우리와 함께 계시며 민족의 통일염원과 인류평화의 큰 목적을 향하여 한 걸음 전진할 수 있도록 힘이 되어 주시옵소서.

유족으로는 미망인 장의숙과 장남 영일榮一 그리고 딸 경희慶姬 등이 서울에 살고 있었다. 그의 장례는 장의숙 여사가 끝까지 함께 했다.

박열은 1947년 2월 15일 재일교포 장의숙과 결혼하였다. 장의숙 여사는 평안남도 남포 출신으로, 고향에서 보통학교를 마치고 서울여상을 졸업하였다. 일본으로 건너가 후지미여고를 졸업하고, 청산학원 사범과 속성반을 수료하였다. 오오시마의 이즈미즈소학교에서 2년간 교사로 있다가 동경여대 일어과를 졸업할 당시 국제신문기자로 근무하였다.

장의숙은 해방된 조국의 재일동포사회가 나아가야 할 방향에 대해 발굴 취재 보도하였다. 이때 '동포의 발을 씻는 박열'이라는 제목으로 박열 단장의 인터뷰 기사 내용을 실었다.

어떻게 보면 해방 공간 박열은 장의숙이 있어 우리에게 제대로 알려진지도 모르겠다. 한편 그와 함께 죽음을 극복한 서상경徐相庚의 기억은 다시 박열을 생각하게 한다.

박열이라면 왜놈들은 삼척동자라도 소름이 끼칠 만큼 서양의적 '데부로'와 같이 무서워들 하였다 …… 그는 가정보다도 동지를 더 사랑하였다 …… 만일 그가 동지를 아끼지 않았던들 16명은 그대로 중형을 받았을 것이다 …… 해방의 덕택으로 23년이란 세계적 재옥기록을 남기고 출옥하였을 때 박렬군은 위대한 전지전능한 신으로 보았던가. 남들이 저놈은 무서운 놈인 정도 없고 피도 없는 것이라 하겠지만 실상은 그 무서워 보이는 중에도 넘쳐 오르는 인류의 애가 그의 심정에 남몰래 숨어 있었다. 말이 없는 대신 실천력이 세다. 만일 살았다 하면 옥중 생활의 세계적 기록을 낸 것이라 하여 모스크바박물관에 골동품으로 안치되었을는지 모르겠다.

– 서상경, 「새해에 생각나는 사람들 박렬 동지」

02 박열 태어나다

박열, 세상에 나오다

당시 나는 점점 일본의 권력자 계급—원래 황실, 대신, 기타 일체의 부르주아, 그들의 전당을 포함해—에 대해 반역적 기분이 고조되어가던 시절이라 어떤 때는 페스트균을 압축해서 작은 용기 하나에 넣어 그것을 그들에게 내던져 박멸시키려고 생각한 일도 있었다. 나는 어느 조선 동지로부터 페스트균을 1만분의 1인가로 압축시켜 용기에 넣어서, 갑자기 그 용기를 깨뜨려 압력을 제거하면 10만 배 정도의 면적에 퍼진다는 이야기를 들은 적이 있다. 그러므로 그것을 내던지며 "어르신, 어서 오세요"라고 할 즈음에는 자동차 안에서 이미 죽어 있을 것이다. 또 아황산을 뒤집어쓰면 전신이 새하얗게 데어 죽는다고 하므로 그 황산을 그들에게 내던져버릴까도 생각했었다. 또 내 손으로 몰래 폭탄을 제조하려는 시도도 해보았지만 일본영내에서는 이것을 시험할 장소가 없고, 시험하다가 발각된다면 어처구니없는 꼴을 당할 것이므로 삼가고 있었다(제6회 신문조서).

혁명가 박열은 1902년 3월 12일, 경상북도 문경군 호서남면 모전리에서 아버지 박지수朴之洙(호적은 박영수)와 어머니 정선동鄭仙洞 사이에서 1녀 3남 중 막내로 태어났다. 박열의 집안은 그가 태어난 지 몇 해 되지 않아 마성면 오천리(샘골)로 이주하였다. 그는 그곳에서 어린 시절을 보내게 된다.

아버지에 이르기까지 4대에 걸쳐 독자였다가 박열이 막내로 태어났던 것이다. 그가 태어난 동네는 가난했다.

당시 오천리 일대는 일찍이 일제에 의해 광산촌이 형성되었던 것으로 알려졌다. 대개 조선총독부의 후원 아래 일본 자본가들이 마구잡이로 개발한 광산촌에는 조선인에 대한 가혹한 노동착취와 저임금, 인권유린 등의 각종 폐해가 뒤따랐다. 따라서 지역주민들의 반일정서가 광범위하게 형성되어 있었다. 일찍이 오천리에는 인근 산지의 삼림과 식수관리, 경로사업 등 마을자치 활동을 펼치는 성산조합星山組合이 결성되었다. 이 단체는 1919년 1월 권농조합으로 개칭되었다.

박열의 맏형 정식庭植과 둘째형 두식斗植은 이 조합의 회원으로 활동했고, 1921~1922년경 마을 이장을 맡아보는 등 마을 일에 적극 앞장섰다.

그의 가계를 보면, 함양박씨는 사대부 명문가로 19세기에 들어 예천 용문 금당실에 뿌리를 두고 있다가 박열의 고조부 때 금당실에서 동북쪽으로 4km 떨어진 산골짜기 마을 선동仙洞으로 이주했던 것이다. 선동에서는 박열의 고조부, 증조부, 조부가 살았으며 아버지가 태어나 성장하기까지 4대가 내려오면서 살았다.

박열의사 생가

1880년대 그의 집안은 가세가 기울었다. 이와 함께 동학을 통해 세상과 소통하던 조부는 증조부가 사망하자 외아들인 지수之洙를 선동의 동래정씨東萊鄭氏와 혼인을 시켰다. 그리고 예천 금당실 선동을 떠나 함창 인근의 모전(음지마)으로 이주한다. 모전으로 이주해 온 조부는 딸 선이先伊를 함창의 경주 김씨 가문의 김필문金弼文과 혼인하게 했다. 박열의 아버지 지수는 박열의 누나 문성文城, 큰형 정식, 작은형 두식을 두었다. 또 1892년 조부가 사망하자, 아버지는 조부를 공평의 전주이씨 문중 땅에 모시게 된다. 이후 누나 문성은 1898년 공평 전주 이씨인 이상재李相宰와 결혼했다.

박열의 아버지는 1906년 돌아가셨다. 박열은 당시 다섯 살이었다. 아버지가 살아 있을 때까지 박열의 집안은 부유했다고 한다. 아버지의 사망과 함께 형인 정식이 상속한 재산은 논과 밭이 각각 10두락이었다고 알려져 있다.

이후 큰형 정식은 박열 가문의 어른이 되었다. 재산으로 아버지로부터 물려받은 논과 밭은 모두 20마지기로 그는 농사지으며 잔병치레로 고생하는 어머니, 그리고 동생들도 돌봐야 할 상황이었다. 정식은 1907년 10월 외어리(늘목) 이강범의 둘째 딸인 이원순과 결혼했다.

정식은 일본인들이 세운 함창잠종전습소에서 6개월간 교육을 받았다. 오천리 마을 자치조직인 성산조합 회원으로 활동하면서 면내 각 마을을 다니면서 치잠공동사육장 지도원으로 일하였다.

큰 형은 집안 일을 맡아서 이끌어갔다. 예천 금당실(용문), 문경 팔영, 함창의 집안 어른들 큰일에도 빠짐없이 찾아 다녔다. 작은형 두식은 문경 팔령 이규신의 장녀 이남분과 결혼하였다. 한 집에서 대가족을 이루며 살았다.

박열은 아버지와 형들의 사랑 속에서 성장했다. 특히 아버지가 살아 있을 때는 귀여움을 독차지했다. 그는 총명한 어린이였다. 박열은 서당에서 『천자문』과 『동몽선습』, 『자치통감』 등을 배웠다. 배운 것은 잊어버리지 않아 성적이 우수하고 뛰어났다고 한다. 아울러 성격도 쾌활해서 서당 훈장과 마을 사람들의 칭찬을 독차지했다.

8세 때인 1909년, 박열은 호적법 시행으로 혁식에서 준식準植으로 개명한다. 그리고 스스로 열烈이라고 이름을 불렀다고 한다. 어린 박열의 품성을 알려 주는 이야기가 있다. 동네의 총망을 받던 박열은 서당 친구들과 어울릴 때면 잘난 체 하는 아이들을 곧잘 혼내 주었다.

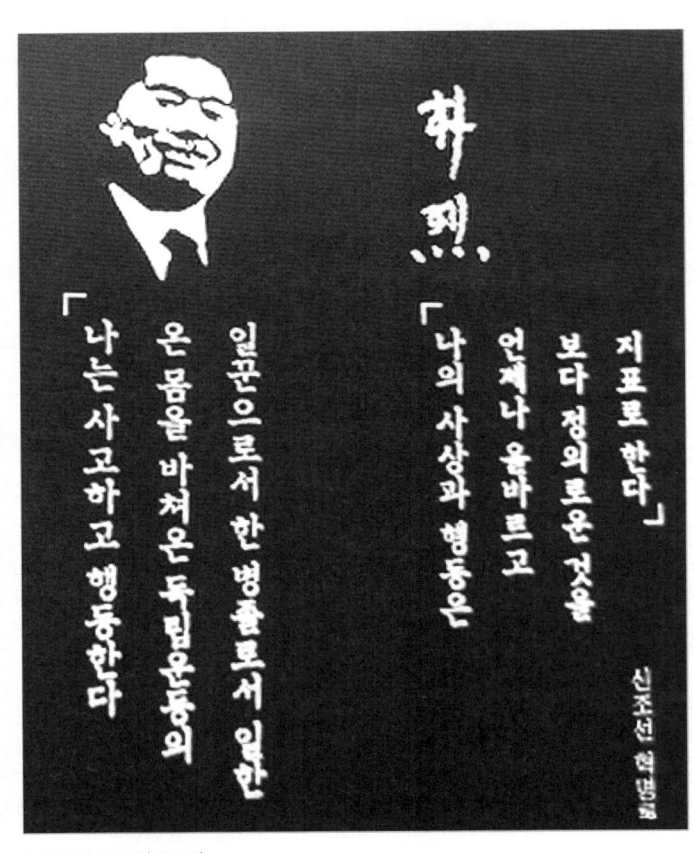

농민운동 기록화(이종상)

하루는 어린 박열이 서당에서 돌아오는 길에 논에서 두 친구가 싸우고 있는 것을 보았다.

"뭐야 건방진 놈. 나한테 한방 먹어 볼래. 바보 같은 놈. 식은 밥도 옳게 못 먹고 월사금도 못 내면서, 언제나 선생님에게 혼나는 주제에"

"뭐라고 해도 나는 언제나 우등생이다. 이 뚱뚱아 너 알고 있니?"

박열은 부잣집 아이의 말에 분통을 터뜨리면서 호통치고 못된 부잣집 아이에게 주먹으로 일격을 가했던 것이다.

"이 자식, 네가 갖고 있는 몸값이 어느 정도야 건방진 놈."

박열은 주위에 조금만 잘못된 것을 보아도 참지 못했다. 그는 강직한 성품을 어려서부터 갖고 한 번 결심한 것이 있으면 반드시 해내는 친구였다.

한 가지 일화가 더 있다. 10리나 떨어진 친척집을 어머니와 같이 방문하고 돌아오는 길이었다. 어린 박열은 누더기 옷을 걸치고 걸식하는 할머니를 만났다.

박열은 어머니 치마를 가리키며 울먹이며 말했다.

"엄마, 엄마는 예쁜 옷을 입고 있는데, 저 할머니는 찢어지고 더러운 옷을 입고 있어. 정말 저 할머니 불쌍해요. 제가 눈 뜨고 볼 수 없어요. 엄마 옷 하나를 저 할머니에게 주면 안 돼? 엄마는 집에 가면 있잖아."

어머니는 집에 돌아가 치마를 주겠다고 약속했다. 이에 박열은 아주 기뻐했고 길에서 만난 할머니를 집으로 데리고 왔다고 한다.

마음씨 착한 박열은 길에서 불쌍한 사람을 보면 그냥 지나치지 못했다. 그리고 어떻게 해서든지 도와주고야 마는 인정 많은 소년이었다. 어린 박열은 어머니를 따라 친척 집에 많이 다녔다. 그는 어머니와 맏형 정식을 따라 공평 장승백이에 살고 있는 누님 집에 자주 들렀다. 그는 매형을 많이 따랐다고 한다.

총명한 박열을 보고 매형은 열심히 공부하여 큰사람이 되라는 말과 함께 늘 관심과 격려를 아끼지 않았다. 그리고 공평에서 함창도 다녀오곤 했는데, 당시 함창에는 고모부가 일찍 돌아가시고 박열의 고모가 살고 있었다. 어머니는 박열과 함께 고모와 어린 고종사촌 동생을 자주 돌봐주었던 것이다. 그런데 그곳에서는 일본헌병과 경찰들이 말을 타고 다니는 것이 자주 눈에 띄었다. 그곳에서 10리쯤 떨어진 낙동강변 태봉에는 이전부터 일본군들이 진을 치고 있었다고 들었다. 일본인 상점들이 들어서고 동네 어른들이 자주 드나들던 건물에는 긴 칼을 차고 제복을 입은 헌병과 순사들이 지키고 서 있었으며, 일본 사람들과 조선 양반들이 부산하게 돌아다니기도 했다. 그리고 머지않아 왜놈들이 신식학교를 세운다는 소문도 들렸다. 여기에서 박열은 일본식으로 바뀌어가는 세상과 동네를 보다 잘 볼 수 있었다.

함창보통학교 생활

10살이 되면서 박열은 마을 서당을 떠난다. 그곳에서는 더 배울 것이 없다고 생각한 그는 개화된 신식교육을 받고싶어 했다.

평소 그를 총애했던 매형이 역할을 자청했다. 당시 박열의 매형 집안은 대대로 알려진 천석꾼으로 윗대 어른들이 경성을 오가면서 일본의 개화된 문화와 교육에 대해 일찍부터 잘 알고 있었다. 이런 매형의 권유와 형의 뜻에 따라 박열은 당시 이 지방에서 최초로 설립된 함창보통학교에 입학하였다.

그런데 맏형 정식은 경제적으로 여유가 없었다. 아버지로부터 유산으로 받은 농사를 동생 두식이 지어 오지만 아들 형래가 태어나고 늘어나는 식구와 농사비용, 어머니 약값 등이 만만치 않았다. 막내 박열의 학비와 학용품과 책값 등이 부담이었다. 그래도 정식은 박열의 학비에는 힘들다는 기색을 하지 않고 뒷바라지를 했다. 그는 오천리 샘골 집에서 50리 떨어진 함창보통학교까지 통학을 했다. 그는 일본사람들과 같이 신학문을 배운다는 호기심과 기대감에 열심히 공부했다.

함창보통학교 시절 박열은 주로 학교 옆에 살고 있던 고모님 집에서 기숙하며 다녔다. 어떤 때는 공평 누님 집에서도 다니거나 가끔씩 오천리 본가에 다니러 오기도 했다. 형수님이 지어주는 새벽밥을 먹고 주먹밥을 싸들고 학교를 가기도 했다.

이때 공평과 모전 윤직에는 함께 함창보통학교 다니던 친구들이 여럿 있었다.

박열은 친구들 사이에서 한 번 결심한 것은 어떠한 일이 있어도 꼭 해내는 아이로 알려져 있었다. 그리고 열심히 하여 다른 친구들보다 항상 선두에 섰다. 무슨 일이든지 친구들을 이끌고 앞장서서 행동하는 강한 아이였다. 대신 박열은 학교 친구들로부터 매사에 기가 세고 당차서 어떨 때는 건방지다고 인식되기도 했다. 그러나 홍 정식과 공평 매형이 사주는 연필, 종이 등의 학용품을 못사는 친구들과 함께 나누는 동정심 많은 소년이기도 했다. 박열은 만 4년 동안을 함창보통학교에서 보냈다. 당시 이곳은 이 지방 최초의 4년제 보통학교였다.

그는 일제하 식민지 지배 아래의 학교생활에서 피지배 압박 민족의 모순된 환경과 비참한 모습을 보았다. 그리고 어린 가슴에 민족적 서러움과 울분을 느꼈다. 박열은 함창보통학교 시절 일본인과 조선인은 한 형제이며 똑같은 동포라고 배웠다. 그런데 조선어 사용과 조선 역사에 대하여는 일체 금지하며 일본 역사와 위인들에 관해서만 배우는데 의문을 품게 되었다. 그는 회의와 의문만을 갖고 거기에서 멈추지 않았다. 가까운 주위 어른들이나 선배들로부터 위인 얘기를 들었다. 세종대왕과 이순신 그리고 이토 히로부미伊藤博文를 죽인 안중근 등 많은 얘기를 들었다. 그는 나라를 위해 헌신한 지사와 위인에 대해 듣고 비분강개하고 그분들을 따라 배우고자 했다. 박열은 서서히 민족의식을 갖게 되었는데 민족의식 형성에 큰 계기가 되는 일이 있었다.

1916년 3월 함창보통학교 졸업을 며칠 앞둔 어느 날이었다. 담임 이순의선생님은 학교 뒷동산 숲속으로 졸업반 아이들을 몰래 불러 모았다. 학생들을 찬찬히 바라보던 선생님의 두 눈이 빨갛게 충혈됐다. 선생님은 굳은 표정으로 말문을 열었다.

"나를 용서해라. 나는 일본이 우수하고 일본이 조선을 하나로 묶어 다스리는 것이, 당연하다는 것을 너희들에게 불어 넣어주려고 애써왔다. 반면에 조선은 못나고 힘없는 나라로 일본에 합쳐져야 마땅하다고 가르쳐 왔다. 그런 것들이 모두 거짓이었다. 내 목숨을 지키려고 비겁한 마음에서 거짓인 줄 알면서도 그렇게 가르쳐야 했다. 나를 용서해라"

선생님의 두 눈에서 눈물이 흘렀다. 선생님 앞에 서 있었던 학생들의 눈에도 눈물이 차오르고 있었다. 박열은 선생님의 말을 들으면서 그동안 가슴을 답답하게 짓누르던 것의 정체를 깨달았다. 선생님은 두 주먹을 불끈 쥐며 말했다.

　"일본인 교사들은 모두가 경찰이고 형사다."

　선생님은 여태까지 일본인 교장의 압력에 못이겨, 마음에도 없는 거짓교육을 한 것을 뉘우쳤다. 학생들 앞에서 눈물을 흘리면서 사죄하였다.

　"조선은 일본보다 훨씬 더 오랜 역사를 가진 나라다. 조선 민족은 일본 민족보다 훨씬 더 우수한 문화를 지켜왔다. 조선인으로 태어난 것을 자랑스럽게 여겨라."

　이순의 선생님은 문경시 가은읍 왕릉리가 고향이었다. 고향 후배 제자들에게 일본 경찰의 감시 속에서도, 우리말과 글 우리역사를 가르치기 위해 노력하였다. 학생들에게 민족의식을 불어넣어 주었다. 특히 박열의 민족의식과 독립사상에 많은 영향을 주었다.

　'일본교사는 형사'라는 선생님의 말은 충격적이었다. 이 사건으로 박열은 엄청난 감동을 받았다. 여기에서 그는 앞으로 어떤 일이 있어도 계속 공부할 것을 다짐한다. 공부를 해서 후진을 위해 열심히 일할 것과 민족을 위해 큰 일을 해야겠다는 다짐을 한다.

　1916년 3월 24일 그는 15세 때 함창보통학교를 졸업했다. 그러나 박열이 처한 현실은 그리 여유 있지 않았다. 그의 집안 형편으로는 상급학교 진학은 엄두도 낼 수 없었다. 지성이면 감천이라고 그는 학교를 찾아

이순의 선생님으로부터 진학 방법을 전해 들었다. 도장관道長官의 추천을 받으면 관비로 공부할 수 있다는 것이었다. 그는 관립 고등보통학교에 대한 입학절차와 방법 등에 대해 상세히 설명을 들을 수 있었다.

박열은 진학의 길을 선택했다. 그는 무슨 수를 써서라도 공부를 계속해야만 된다는 결심을 갖고 있었다. 후원자인 형 정식과 함께 그는 걸어서 김천에 도착했다. 그리고 거기서부터 혼자 기차를 타고 대구로 가서 입학시험을 치렀다. 이렇게 해서 박열은 자신의 꿈을 실현시켰던 것이다. 그는 당당히 입학시험에 합격하고 도장관의 추천을 받아서 경성고등보통학교 사범과에 입학하게 된다. 사범과를 택한 이유는 평소 존경했던 이순의 선생님처럼 후학들을 양성하는 교사가 되고 싶었기 때문인 것으로 여겨진다. 박열의 경성고등보통학교 입학은 집안의 경사였다. 아니 동네의 자랑거리가 되었다.

그는 자신이 그토록 갈망하던 공부를 서울에서 계속 할 수 있게 되자 말 할 수 없이 기뻤다. 한편으로는 홀가분한 마음으로 앞으로 할 일에 대해 고민했다. 그리고 하나씩 꼼꼼히 따지면서 생각을 가다듬었다.

박열은 독서에 매진했다. 1915년 겨울 함창보통학교 4학년을 마칠 무렵부터 그는 1916년 봄 경성고등보통학교에 입학할 때까지 오천리 집에서 두문불출했다. 그리고 독서와 사색으로 시간을 보냈다. 그래서 마을 사람들도 좀처럼 그의 얼굴을 보기 힘들었다.

그는 함창보통학교를 다닐 때부터 집에 오는 날이면 대문밖에 나가는 일없이 공부에 집중했다. 마을 사람들은 그가 무엇을 하는지 어떻게 지내는지 알 수 없었다. 특히 함창보통학교 이순의 선생님으로부터 우리

역사에 대해 얘기를 듣고 난 뒤 더 열정을 갖게 되었다. 그래서 그는 책을 빌려 보기도 하고 때로는 동네 큰어른들을 찾아 여러 가지 얘기를 물어 보기도 했다.

그러면서 박열은 집안이 경제적으로 많이 힘든 것을 보다 잘 알게 되었다. 무엇보다도 세상이 바뀌고 난 뒤 농사로 생계유지가 힘들다는 사실을 직시하게 된다. 수입은 한정되고 지출은 늘어만 가고 점차 생활이 어려워지는 형편을 박열도 알게 되었다.

그는 공부에 전념할 것을 거듭 결의한다. 힘든 살림에 어머니와 조카, 두 사람의 형과 형수님을 두고 공부하러 서울로 가게 되는 박열은 마음을 굳게 다지며 꼭 공부를 해서 어머니와 형님들을 편히 모시겠다고 다짐했다.

서울로 떠나기 전 어머니와 함께 함창 고모님 댁과 공평 누님 댁을 찾아뵙는 등 주변의 어른을 찾아뵈었다.

함창보통학교 다닐 때는 어머니와 형님 못지 않게 극진한 보살핌으로 돌봐주신 고모님과 누님에게 박열은 거듭 고맙다는 인사를 드렸다. 특히 어렵고 힘든 일이 있을 때마다 찾아가면 마다하지 않았던 매형에게 인사를 했다. 그는 한없는 기대와 관심을 가져주는 매형에게 열심히 공부해서 보답하겠다는 다짐을 했다. 그리고 고모님에게는 베풀어 주신 은혜에 고마움과 감사의 큰 절을 올렸다.

경성고등보통학교 생활

박열은 15세에 고향을 떠나 서울로 올라갔다. 그리고 경성고등보통학교 사범과에 들어갔다. 1916년 4월이었다.

그는 배움에 목말라 애타게 기다리던 경성고등보통학교 사범과에 입학했던 것이다. 전국 각지에서 온 수재들과 나란히 공부하게 된 그는 처음 1년 동안은 학교와 가까운 거리에 있는 경복궁 근처 소격동에서 하숙을 했다.

모든 것이 생소했다. 처음 대하는 분위기였지만 학교생활에 잘 적응해 갔다. 그는 학교와 하숙집을 오가며 공부에만 열중하고 새로운 학문에 대한 배움의 열기로 학교생활에 충실했다. 1917년 2학년이 되었다. 그는 서울에서 첫해를 보냈던 것이다. 학교생활이 한 해가 지나가고 박열은 어느 정도 서울에서의 학교생활이 적응되자 그는 자취생활을 시작했다. 늘어나는 생활비와 책값 등 학비를 절약하려고 학교에서 멀리 떨어진 팔판동에 방을 얻어 친구 2명과 같이 자취를 했다.

당시 경성고등보통학교의 교육과정은 황민화, 우민화 교육이 중심이었다. 일본사람을 위한 저급한 보통 실업교육으로, 반복되는 교과 과정이 기본이었다. 그리고 여기에 일본천황에 대한 충성된 황국신민화 교육, 일본어 보급과 일본 역사와 지리 등 식민지민으로 우민화 교육을 철저히 수행하는 공간이었다. 따라서 경성고등보통학교는 영어나 상업을 가르치거나 배우는 것을 금지했다. 그리고 교외활동과 교내에서 집단행동을 엄격히 제한했다. 사상적으로 통제했던 것이다. 박열은 전문적인 교육의 길이 조선인에게는 막혀 있는 것을 알게 되었다. 당시에는 조선인의 고등보통학교와 일본인 중학교 사이에는 차별화된 학제가 존재해서 조선인에게는 상급학교로의 진학과 고등전문교육을 받을 수 있는 길이 막혀 있었다.

박열은 학교에서 배우는 교과목에만 만족할 수 없었다. 그는 학교 공부 이외에도 와세다대학早稻田大學의 영어 강의록을 구독했다.

그는 여러 사상적인 충격을 받기도 했다. 일본인 교사로부터 고토쿠 슈스이幸德秋水의 이른바 '대역사건大逆事件', 일본 천황을 암살하려 했다는 음모사건에 대한 이야기를 들었다. 근세 유럽의 각국의 침략사와 독립운동사 등도 흥미롭게 들었다.

당시 도쿄는 민주주의 사상과 인권·자유·평등 등 개념이 도입되기 시작되던 '다이쇼 데모크라시 시대'로 새로운 근대지식에 대한 욕구로 넘쳐났다. 도쿄 간다의 진보쵸神保町 서점가에는 자유주의와 사회주의를 비롯한 신사상을 담은 각종 서적들이 범람하였고, 자유·평등사상에 대한 자유로운 토론의 풍조가 형성되어 있었다.

박열은 일본을 비롯한 세계 각국의 사상가들에 많은 관심을 갖게 되었다. 이후 그는 일본에서 다양한 사조와 관련된 정보를 얻게 된다. 일본에 들어오는 세계적인 사조를 각종 서적을 통해 탐독했다. 이를 통해 그는 민족주의적 독립 사상에서 점차 범사회주의 사상으로 관심이 옮겨졌다. 그러나 본질적으로는 투철한 반일反日과 배일排日의 민족의식으로 일제에 맞서는 사상, 인간의 절대 자유와 평등을 주장하는 평등사상을 갖게 되었다.

학교 내 교원양성소에서 은밀하게 조직되어 활동하던 '조선산직장려계'가 있었다. 학생들의 통제가 극심하였던 경성고등보통학교에서도, 민족독립운동이 비밀스럽게 행하여지고 있었다. 조선산직장려계는 교원양성소 학생들이 1915년 3월에 조직하였다. 이 단체는 '일본에 대한 경제적 속박에서 벗어나는 것이 국권회복의 길이다' 라는 목표로 비밀리에 활동 하였다. 전국에서 130여 명의 회원들이 일본제품 불매운동을 벌였다. 함창보통학교 담임 이순의 선생님도 이 단체의 회원이었다.

박열은 학교 수업이 끝나면 교외활동에 적극 나섰다. 그는 기독교 교회나 사립학교에서 열리는 강연회에 참석해서 각종 연설을 들었다. 그리고 조선 민족 독립의 당위성과 조선총독부의 야만적인 정치를 규탄하는 연설을 듣고 고무되었다. 당시 강연회에 많이 참석했던 보성학교과 연희학교 학생들을 비롯하여 배재고보, 중앙고보, 휘문고보, 양정고보 등 서울시내 사립학교 학생들과 여러 얘기를 나누었다.

그리고 독서회 토론에도 참석했다. 그러면서 그는 선배들과 사상단체에서 활동했다. 이를 통해 그는 비로소 자신이 해야 할 일이 무엇이며, 할 수 있는 일이 어떤 것인가를 찾게 되었다. 물론 그는 교내활동에도 적극적이었다. 교내에서도 친구들과 자주 모여서 교과과정과 학제의 문제점, 한계 등에 대해 적극 의견을 개진하고 논의했다. 이와 함께 관립학교 일본인 교사들의 자질과 교내문제, 그리고 일본제국주의의 침략성과 세계사의 흐름에 대해서도 열띤 토론을 벌였다. 점점 박열의 가슴 속에는 불같은 독립에 대한 항일의식이 확고해져 갔다.

3·1만세운동

1910년 병합 이후 일제의 식민지 수탈정책으로 조선인은 다수가 몰락했다. 조선총독부에 의해 시행된 각종 식민지 지배정책은 조선인들의 분노를 야기시켰다. 분노의 응집체로 주목되는 사건이 3·1만세운동이다.

1919년 2월 고종이 갑자기 서거하자 일제가 독살하였다는 소문이 퍼졌다. 여기에 당시 국제정세가 가미되어 전민족적 반일운동인 3·1만세운동이 일어났다. 박열은 이런 분위기를 잘 알고 있었다. 그런 박열은 여러 경로를 통해 시위의 내용을 잘 알고 있었다.

3·1만세운동은 최고의 전민족적 반일투쟁이다. 직업, 신분, 지역, 신앙, 성별, 빈부 등을 초월하여, 우리 민족의 반일의지를 내외에 천명한 역사적 사건이었다. 일제의 10년 동안의 식민통치에 끊임없이 저항한 조선 민족은 1919년 3월 1일 새로운 투쟁을 일으켰던 것이다. 학생과 시민들은 오후 2시 탑골공원에서 독립선언식을 거행했다. 그리고 태극기를 흔들고 시위투쟁을 전개했다.

3월 1일 이 만세운동은 여기에서 끝나지 않았다. 이후 전 조선은 혁명적 열기로 3개월 이상 휩싸였다. 특히 조선인 사립, 관공립 학교는 동맹휴교를 단행하여 전국적인 항일의 기세를 더욱 고양시켰다. 이와 함께 3월 5일부터는 경성의 조선인이 운영하는 가게가 일제히 철시에 들어갔다. 여기에 지방의 상인도 적극 동조했다. 노동자들의 시위투쟁도 전개되었던 것이다.

3·1만세운동은 크게 네 단계로 나누어 설명할 수 있다.

첫째는 2월말까지의 시기이다. 33인의 민족대표에 의해 운동이 준비된 단계이다. 둘째 단계는 3월 초순 운동의 초기 단계이다. 이때는 서울, 평양, 개성 등 주요 도시 중심으로 만세시위가 전개된 시기이다. 학생과 청년 지식인이 시위를 주도했고, 도시의 노동자와 상인이 시위에 적극 참여했던 것이다.

셋째 단계는 3월 중순에서 4월 상순에 이르는 때로 운동의 최고조기이다. 전국 각 농촌으로 운동이 확산되고, 도시에서는 운동이 재발되는 단계이다. 이 단계에는 지식인들이 운동을 주도했고, 농민들의 참여가 확대되었다. 동시에 무장시위가 펼쳐지면서 시위가 격렬하게 전개되었다. 마지막 단계는 4월 중순 이후 일제의 가혹한 탄압으로 인해 운동이 점차 퇴조한 단계라고 할 수 있다.

이러한 3·1만세운동은 단순히 일본제국주의에 대항한 것만이 아니었다. 국제적으로도 우리 민족의 투쟁 의지를 내외에 천명한 역사적 사건이었다. 그 한 가운데 청년, 학생이 있었다.

서울의 학생들은 가만히 있지 않았다. 학생 대표들은 1월부터 국내외 지도자들과 연락이 닿아 독자적인 대중 시위운동을 계획하고 이를 선도했다.

이들은 고종의 국장일인 3월 3일 수십 만의 군중이 모일 것을 기회로 하여 3월 1일 탑골공원에서 독립선언문을 발표한다는 것과 이 선언서를 인쇄하여 군중에게 배포한다는 계획을 갖고 있었다. 그리고 3월 1일 오후 2시 탑골공원에 집결하여 시위운동을 벌이기로 했던 것이다.

이와 같은 3·1만세운동 때 시위운동 준비과정에서 경성고등보통학교에는 4학년 박쾌인과 김백평이 대표로 참여했다. 박열은 여기에서 행동대원으로 활동한다. 당시 김백평은 경성고등보통학교 대표로 200매의 독립선언서를 받고 적선동 128번지 박창수의 하숙집에서 회합을 가졌다. 이 자리에 박노영·박쾌인 등이 보성전문의 강기덕의 말을 전하고, 3월 1일 시위에 참여하는 방법을 숙의했다.

이들은 전교생의 참여 방법을 논의했다. 3월 1일 정오에 학생들을 모으고 시위를 시작하는 것으로 했다. 그리고 교실 입구를 경비하게 하여 3월 1일 시위 항쟁 참여를 알리고, 오후 1시경 신호가 있으면 탑골공원으로 간다는 것이었다. 그리고 고종황제 국장 참례에 따르는 예습이 끝나면 전교생을 인솔하여 참여한다는 내용을 결의했다.

3월 1일 당일 박열은 박노영과 탑골공원으로 가면서 시위를 선도했다. 이들은 오후 2시까지 인사동, 낙원동, 관훈동 일대의 길거리의 사람들에게 독립선언서를 배부했다.

이렇게 박열은 경성고등보통학교생들의 독립만세 시위운동을 선도했다. 이후 그는 김백평·박쾌인 등과 같이 향후 전개될 독립 운동의 전반적인 과정을 살피면서 그는 독립선언을 국민들에게 널리 알리고자 했다. 그리고 『조선독립신문』을 민가에 투입하고 살포했다. 또한 이종림이 집필한 『조선독립신문』 제2호를 배포했다.

서울의 모든 학교는 휴교 상태에 빠졌다. 경성에서 더 이상 만세운동을 전개할 수 없게 되자, 3·1만세운동에 앞장섰던 많은 지방출신 학생들은 만세운동을 더 널리 알리기 위해 고향으로 내려갔다. 그곳에서 학생들은 지역 인사들과 합세하여 마을 입구나 장터 등지에서 장날을 이용하여 만세운동 시위를 주도해 갔다.

1919년 3·1만세운동이 일어나자 여기에 참여했던 박열은 일본인이 세운 학교에 다니는 치욕을 견딜 수 없다며 학업을 포기한다. 그는 일본 경찰의 추적을 피해 고향 문경에 돌아온 이후 친구들과 함께 태극기와 격문을 살포하는 등 시위운동에 참여했다. 문경의 3·1만세운동에 박열은 참가했던 것이다.

1919년 4월, 문경 마성 오천리에 머무르고 있던 박열은 밤을 틈타 저부실 큰마을 친구 이동식과 함께 고모산성에 올라 태극기를 꽂고 '대한독립 만세'를 외쳤다. 그리고 문경으로 가는 큰길의 전봇대에 격문을 붙였다. 또한 갈평 동로를 거쳐 용문에서 친척들과 만나 서울의 3·1만세운동에 관해 자세히 설명해 주었다. 그리고 예천 용궁을 거쳐 함창에 머물면서 모전과 함창의 옛 친구들과 같이 만세시위를 모의했다.

당시 이 지방에서는 3월 23일 상주 읍내와 4월 8, 9일 화북 장암, 운흥에서도 만세운동이 일어났다. 4월 13일 김용사 지방학림 학생들이 태극기를 들고 독립만세를 외치며 대하주재소까지 내려오다 검거되기도 했다. 또한 4월 15일 문경 갈평에서는 장날을 틈타 도로 부역에 동원된 사람들이 만세 시위를 일으켰다. 여기에 많은 군중들이 합세했다. 당시 주모자 김병수, 신태인, 전중연은 체포되었다. 예천에서도 3월 28일부터 4월 12일까지 용문, 호명, 풍양, 용궁, 하리 등 여러 곳에서 만세운동이 일어났다.

이렇게 3월이 지나 4월까지도 만세 시위운동은 전국 방방곡곡으로 퍼져 나갔고, 계속 일어났다. 5월이 되자 3·1만세운동의 열기는 차츰

소강국면으로 접어들었다. 이때 박열은 자신의 장래에 대해 고민하게 된다.

그는 친구들로부터 일제의 가혹한 고문과 탄압 등의 만행을 전해 듣는다. 그리고 더 이상 국내에서 항일운동을 하기 힘들다고 판단하고 일본행을 결심한다. 박열은 일단 상경하여 친구와 선배들을 만나 구체적인 계획과 방법을 세우기로 마음먹는다. 그런데 어머님과 형님들로부터 고향에서 농사지으며 같이 살 것을 권유받는다. 그는 기울어가는 집안 살림을 보고, 어렵고 힘들게 살아가는 가족들을 위해서라도 자신은 고향을 떠나기로 결정한다.

1919년 10월 3·1만세운동으로 모든 학교가 폐쇄되자, 앞장서서 만세운동을 일으켰던 주동학생들이 검거·투옥되었다. 그리고 적극 가담 학생들은 퇴학당하거나 자진해서 학교를 그만 둔 경우가 많았다. 그 무렵 국내의 많은 항일 운동가들이 민족운동의 근거지를 찾아 중국 상해, 만주, 시베리아, 연해주, 미주, 일본으로 망명길에 올랐다. 박열은 서울에 올라온 후 자신이 자취하였던 팔판동과 친구들 집에 있었다.

학교 근처에 살고 있는 경성고등보통학교 김원우 담임선생님을 찾았다. 도쿄로의 유학을 결심한 것을 말씀드렸다. 김원우 선생님은 일본에서 농업학교를 졸업한 분이었다. 도쿄 생활에 필요한 사전 지식과 준비를 일러주면서 몸 조심하고 학업의 뜻을 완성한 후, 나라를 위해 열심히 봉사해 주기를 당부하였다. 박열은 도쿄유학생 선배들의 근황과 연락처 등 학교에 관해 알아 보면서 일본 도쿄로의 유학 준비를 하였다.

1919년 10월 박열은 일본으로 떠나기 위해 서울역에서 부산을 향해 출발했다. 그는 김천역에서 선동에 사는 고종사촌 교근을 만나 함께 부산에 도착하여 그의 배웅을 받으며 도쿄東京로 가는 배를 탄다.

항일운동가 박열 03

도쿄로 간 박열

박열이 일본으로 떠나던 1919년 10월 항일운동에 참가했던 학생들은 고향을 떠나 상하이나 도쿄 등지로 유학길에 올랐다.

왜 그가 서울을 떠나 도쿄로 갔을까.

박열은 서울에서 3·1만세운동을 통해 국내에서의 활동이 불가능함을 알았다. 답답함을 느꼈다. 그리고 새로운 사조에 대한 배움의 갈망이 있었다. 많은 유학생이 일본을 선택했다. 도쿄의 조선인 유학생들은 도쿄조선기독청년회를 중심으로 모여 활동했다. 당시 도쿄는 신사상을 받아들이고 2·8독립선언을 주도한 조선의 학생들에게 갈증을 해결할 수 있었던 곳으로 비추어졌다.

도쿄에 간 박열은 일본에 간 다른 조선인 유학생들과 마찬가지로 공부와 일을 동시에 해야 했다.

그는 간다神田의 세이소쿠正則영어학교에 다녔다.

세이소쿠영어학교에는 안익태, 윤보선, 김성수, 송진우, 조만식, 김교신, 박영희, 홍효민 등이 다닌 것으로 알려져 있다. 일본에 간 이들 유학생은 정식으로 학교에 진학하기 위해서는 영어 실력이 필요했던 것이다.

박열은 세이소쿠영어학교에 다니면서 신문배달, 제빙공장 직공, 막노동꾼, 우편배달부, 인력거 인부, 중국요리집 배달부, 야경수, 점원, 인삼행상, 조선엿장수 등 여러 일을 했다.

아나키즘의 수용

일본에 간 박열은 갈망했던 새로운 사조와 만나게 된다. 당시 도쿄 진보쵸神保町 서점가에는 아나키즘과 볼셰비키즘을 비롯한 사회주의 관련 각종 서적, 신문, 잡지 등이 넘쳐났다.

당시 일본에는 여러 사상을 갖고 있는 사람이 나타나기 시작했다. 아나키스트, 맑시스트, 사회민주주의자, 국가사회주의자, 노동조합주의자 등이 망라되어 있었다. 이런 사상들은 아직 범사회주의란 이름으로 분화되지 못한 상태였다. 하지만 사회주의 사상은 민주주의의 발전과 대중운동의 성장, 노동운동의 발전을 거치면서 점차 분화의 과정을 거치게 된다.

박열은 크로포트킨의 『상호부조론』 등을 비롯한 아나키즘과 관련된 서적을 탐독했다. 크로포트킨은 다양한 저작을 통해 아나키즘은 '인류의 진보를 위한 사상'이라고 했다. 그리고 아나키즘에 대한 부정적인 인식을 긍정적으로 변화시키는데 기여했다. 특히 그의 대표적인 저작이라고 할 수 있는 『상호부조론』은 아나키즘 이론의 핵심으로, 종의 진화에서 가장 중요한 요소는 경쟁, 즉 적자생존이 아니라 협동, 이른바 상호부조라고 주장했던 것이다.

박열과 같은 조선인 유학생들은 일본 사회주의자들이 주관하는 사상단체에 적극 참가했다. 여명회黎明會, 코스모스구락부, 자유인연맹自由人聯盟, 신인회新人會, 일본사회주의동맹日本社會主義同盟, 효민회曉民會, 건설자동맹建設者同盟, 개조동맹改造同盟 등에 조선인 학생들은 참여했다.

요시노 사쿠조吉野作造와 후쿠다 토쿠조福田狂二가 주도하는 여명회에는 백남훈白南薰, 변희용卞熙鎔, 김준연金俊淵, 최승만崔承萬 등이 가담했다. 이 조직은 일본의 국가 정신을 학문적으로 천착하고 세계 인문의 발달에 이바지함을 창립 취지로 했다. 그리고 매월 1월 강연회를 개최하여 서구 사상에 대한 계몽운동을 적극 전개했다.

당대 대표적인 사상가였던 도쿄제국대학 법학과 교수인 요시노 사쿠조는 1914년 도쿄조선유학생학우회(이하 학우회) 간부인 장덕수, 백남훈 등을 만났다. 이후 그는 학우회 학생을 비롯해 조선인 유학생과 긴밀히 교류했고, 이들에게 강한 영향을 미쳤다. 이에 다라 여맹회의 강연회는 지속적으로 조선인 유학생이 모이거나 만나는 장소가 되었다.

코스모스구락부는 사카이 도시히코堺利彦와 함께 권희국이 결성을 주도했다. 코스모스구락부는 1920년 11월 조직되었다. 강령에서는 국경을 넘어 신세계와 신생명을 창조한다고 되어 있었다. 이에 따라 일본의 양심적인 지식인을 비롯해 조선인, 중국인, 대만인, 인도인 등을 망라한 조직을 준비했다. 특히 이 조직의 강연회에는 원종린·이증림·김홍기·박세희·정태성 등의 이름이 확인된다.

정태성은 박열이 일본으로 건너와 만난 동지 가운데 가장 가까운 친구였다. 서로 형이라 부르며 존댓말을 썼다. 가끔 술을 한잔할 때면 흉금 없이 이야기를 나누었다. 정태성은 박열보다 2년 먼저 일본으로 건너와 조선 노동동지회에서 활동하고 있었다. 박열을 만나 조선인 고학생 동우회로 확대 개편하여 간부로 활동하였다.

그런가 하면 정태성·이용기 등은 가토 가즈오加藤一夫와 이와사 사쿠타로岩佐作太郎가 주관하는 자유인연맹에 참가했다. 이 단체는 1920년 5월 28일 창립되었고, 인류를 지배하는 일체의 권력과 우상의 파괴를 강령으로 내걸었다.

1920년 12월 10일 일본 최초의 사회주의자 연합단체인 사회주의동맹이 결성되었다. 이 조직의 창립에도 조선인 유학생이 관여했다. 정수홍·강인수·김판권·권희국 등이 활동을 한 것으로 알려져 있다.

원종린, 황석우 등도 1918년 12월 아카마츠 가츠마로赤松克磨와 미야자키 류스케宮崎龍介 등 도쿄제대 법학과 학생들이 결성한 신인회에 가담했다. 주요 강령으로는 인류 해방의 신기운에 협조하고 일본 개조 운동에 봉사하는 것을 내세웠다.

또한 일본 경찰에 의해 가장 과격한 단체로 평가받은 효민회에도 조선인 유학생들은 활동했다. 1920년 8월 와세다대학 학생이 주도한 이 단체는 공산주의 경향의 지식인들이 선도했다. 강령으로는 일체의 구세력을 배척하고 신질서의 창조를 기한다고 했다. 여기에 조선인은 원종린·한현상이 회원으로 가입했고, 김약수·조봉암·박열 등도 자주 행사에 참가했다고 알려져 있다.

특히 박열은 원종린, 김약수 등과 함께 오스기 사카에大杉榮와 이와사 사쿠타로, 사카이 도시히코堺利彦 등과 교류하는 가운데 아나키즘의 영향을 받았다. 일본 아나키즘운동을 이끌고 있던 오스기 사카에는 1915년부터 노동자들의 의식함양과 국제주의 사상전파를 위해 생디칼리즘Syndicalism연구회를 운영했다. 여기에서 그는 중국, 조선의 유학생들에게 구미 사회운동을 선전했다. 아울러 1912년 문예평론 잡지『근대사상』과 월간『평민신문』을 재창간해 노동자들과의 연대를 강화하고자 했다. 1919년 그는 월간『노동운동』을 통해 노동조합에 의한 생산자 독재의 혁명과 동맹파업 등 민중의 직접 행동을 주장했던 것이다.

이른바 아나키즘이란 조직화된 정치적 계급투쟁뿐만 아니라 일반적으로 모든 정치적 조직, 규율, 권위를 거부한다. 그리고 국가 권력기관의 강제 수단의 철폐를 통해 자유와 평등 정의와 형제애를 실현하고자 한다. 소위 유토피아적 이데올로기와 운동으로 국가나 정부기구는 본래 해롭고 사악한 것이라서 인간은 그것들 없이도 올바르고 조화로운 삶을 영위할 수 있다는 신념을 근간으로 한다. 당시 일본에서는 대표적인 사회주의자 고토구 슈스이가 1910년 소위 대역사건으로 처형되고, 이후 오스키 사카에가 뒤를 이어 아나키즘운동의 선두에 나섰다.

박열은 이와사 사쿠타로의 집에 자주 출입했다. 그는 인삼행상을 하며 고학했는데, 이와사 사쿠타로는 철저한 부정의 논리로 무장하고, 마르크스주의 뿐만 아니라 생디칼리즘도 비판의 대상으로 삼았다.

이런 박열은 1921년 후반 민중미술가인 모치즈키 가츠라望月桂의 집에 찾아가서 오스기 사카에를 비롯한 야마카와 히토시山川均 등을 직접 만나기도 했다. 사회주의자 아키타 우자쿠秋田雨崔는 박열 등 조선인 청년 학생 100여 명이 참석한 모임에서 박열을 평하여, "선인鮮人도 그런 면이 있고 정열이 있는 사람이다. 일본 청년들보다 훨씬 진실하고 인간적이다"라고 했다.

　일찍이 박열은 경성고등보통학교 시절에 법사회주의적 사상을 갖고 있었다. 그에 따르면, 인간은 원래부터 같은 인종의 인간과 인간과의 사이에도 절대 자유 평등하지 않으면 안 된다고 생각했다.

　도쿄에 유학한 이후 박열은 아나키즘과 전면적으로 만나게 되었다. 구미 제국의 노동운동과 사회운동의 움직임에 깊은 관심을 갖고 있었지만, 제정 러시아가 붕괴된 혁명 이후 소련을 보면서 소수의 권력자가 국가 사회를 강제하는 모습은 로마노프 왕조시대의 모습과 별로 다르지 않다고 생각했다. 그는 사회주의, 공산주의에도 만족할 수 없었으므로 무권력 무지배의 모든 개인의 자주, 자유에 의해 평화로운 세계를 동경하는 아나키즘을 마음속에 품게 되었다.

　조선인의 아나키즘을 통한 일본에서의 활동은 의열투쟁이 주목된다. 도쿄 조선인의 의혈투쟁은 의거단義擧團, 혈권단血拳團, 박살단撲殺團 등의 단체 활동에서 찾아 볼 수 있다. 의거단 결성과 함께 이 의거단은 철권단鐵擧團, 혈권단, 박살단, 혈거단으로 명칭을 바꾸면서 계속 활동했다.

　의거단은 실제로 1921년 1월 원종린, 황석우, 조명희, 정재달 등이 결성했다. 의거단의 목적은 일본사회주의자들과 연계하여 도쿄 유학생

중에 친일파나 일제 밀정 등을 색출해 이들을 징계하는 것이었다. 당시 의거단원은 친일파 박춘금 일파와 여러 차례 갈등을 빚은 것으로 알려져 있다. 일부 신변의 위협을 느낀 학생이 반대 단체를 조직하려는 움직임이 있었다. 1921년 11월 발표된 것으로 알려진 '의권단 선언문'은 당시 조선인들의 분노와 투쟁의지를 잘 드러내준다. 선언문의 주요 내용은 당시 조선인들의 분노와 투쟁 의지를 보여주고 있다.

> 보라. 완악한 운명은 우리의 생을 얼마나 저주하며 고루한 현 사회제도는 우리의 생의 향유를 얼마나 약탈하는가를! 보라. 사갈과 같이 악한 자는 교리의 거리에 출몰하고 추하기가 돼지 같은 자는 고기의 향기에 취해 있지 않은가. 그렇다면 용사여, 용사여! 자비의 눈물을 거두고 분노의 주먹을 휘둘러라! 우리는 최후로 선언한다. 우리는 우리의 유한한 두뇌를 믿지 않는다. 우리는 우리의 미약한 혀와 붓의 힘을 믿지 않는다. 우리는 오직 우리 양심의 충동하에서 발하는 철권만을 믿는다. 자유를 요구하는 동지여, 압박의 분노를 타파하여라! 평등을 바라는 여러 형제야. 차별의 제도를 없애자! 평화를 욕망하는 동포들이여. 평화의 분난자를 죽이자! 아! 형제자매야, 일어서자. 우리의 갈 길은 다만 혁명과 자살의 두 길뿐이다.

박열은 시베리아 항일운동가들의 독립운동자금을 가로채고, 미국으로 유학 간다고 오해를 받은 장덕수를 때려 경찰에 구금된 일이 있었다.

박열은 장덕수의 행방 파악에 들어갔다. 오래지 않아 간다神田의 어느 여관에 머물고 있음이 밝혀졌다. 의거단원 셋을 거느리고 그곳을 찾아

갔다. 마침 장덕수는 밖에서 들어와 쉬고 있었다. 장덕수를 밖으로 불렀다.

"나 박열이오, 당신한테 알아볼 일이 있는데 ……"

박열은 되도록 부드러운 말투로 대했다.

"아! 박열선생, 이름은 많이 들었지요."

장덕수는 반가운 듯이 보였으나 잔뜩 경계하는 빛이었다.

"저쪽으로 같이 가서 이야기 좀 합시다."

장덕수를 가까운 공터까지 데리고 갈 계획이었다. 장덕수는 약간 겁먹은 듯 박열과 다른 동지의 얼굴을 번갈아 살폈다. 박열이 지켜보는 가운데 의거단 동지들이 장덕수를 둘러싸고 주먹과 발길질을 퍼부었다.

이후 혈권단은 박살단으로 개편되었다. 박살단에는 후일 조선공산당 창당의 주역으로 활동하는 김찬·정재달·조봉암 등을 비롯해 원종린·장상중·손영극 등이 가담했다. 박살단원은 친일을 표방하는 사람과 부패한 사람은 모두 조선 민족의 명예를 훼손하는 자로 처단하고자 했다.

일본 경찰은 혈권단 등을 주목했다. 도쿄 유학생들 가운데 반민족, 친일파를 습격하여, 폭력을 가하는 등 실력행사로 응징하는 폭행사건이 자주 일어나자 이 단체를 불량배들의 모임으로 간주했다. 그리고 주모자 박열을 쫓아 다녔다. 그는 여러 차례 경찰에 의해 폭행범으로 구류처분을 받았다. 이를 도운 것이 변호사 후세 다츠지布施辰治였다. 그는 톨스토이의 인도주의사상에 영향을 받은 휴머니스트였다.

이 무렵 후세 다츠지 변호사는 국가와 사회의 권력 횡포에 전면적으로 나서서 자유법조단을 결성하고 중심 역할을 했다. 그리고 일본 사회의 인권과 노동 등 시국에 관계되는 재판에 변호인으로 활동하기 시작했던 것이다.

그에게 인생의 전기가 된 것은 1920년 5월 개인잡지 『법정에서 사회로』의 「자기혁명의 고백」이 쓰여진 일이다. 후세 다츠지는 자신의 생활 태도를 반성하고 있다.

일본인 변호사 후세 다츠지

나는 오늘까지 스스로 믿는 바에 비교적 충실한 변호사로서 성실함을 세상으로부터도 인정받았다. 하지만 그것은 비교적 충실한 생활을 소극적으로 지켜 얻은 것으로, 스스로 믿는 바에 충실하고 용감한 생활을 적극적으로 해서 얻은 바가 아니다. 방해물이 있으면 그것을 뚫고 붙잡는 것이 있으면 그것을 뿌리치고 가는 천마가 하늘을 나는 것과 같이, 자유롭고 장렬한 자기 체현의 실제 생활을 염두에 두는 영혼의 울림 앞에 너무나도 겁 많고 나약했던 나 자신을 스스로 부끄러워 해야 한다. 이상 국가 건설 과정으로 진척되는 국민 문화 창조와 국민 생활 안정을 도모하는 것이 나의 사명이라고 믿는다.

-『후세 다츠지』, 오이시 스스무 외 저

이러한 맹세에서 출발한 후세 다츠지는 도쿄 시영전차 파업사건의 변호를 맡았다. 그는 옥중의 조합원에게 5월 18일자 편지에서 다음과 같이 생각을 피력했다.

저는 경들을 위해 최선을 다하겠습니다. 예심 진행이 하루라도 빨리 이루어질 수 있도록, 보석이 하루라도 빨리 되도록 담당 검사와 교섭하겠습니다. 미력하지만 있는 힘을 다하겠습니다. 경들이 현재 겪고 있는 괴로움을 나누겠다는 각오로 진력하겠습니다. 저는 결코 경들을 못 본 체할 수 없습니다. 제 능력이 허용되는 데까지 있는 힘을 다 해 재판에서 도울 수 있는 것은 재판으로 돕고, 만일 오늘 재판에서 어떻게 해도 도와줄 수 없는 것은 그 큰 희생을 여론에 호소해서 사회적으로 돕고 싶습니다.

그는 1880년 미야기宮崎현 이시노마키石の卷시의 농가에서 3녀 2남중 막내로 태어났다. 1902년 메이지明治대학을 졸업하고 사법관 시보가 되어 우츠노미야宇都宮 지검에 부임했다. 당시 그는 동반 자살 미수로 자수한 어느 어머니를 살인미수로 기소해야 하는 현실을 보면서, 법률의 사회적인 미비와 적용에 회의를 느끼다가 검사직을 사임하고 변호사가 된다. 「사직이유서」에서 그는 자주 쓰던 "내가 항상 마음에 품고 있는 사회 정책으로서의 겸애주의"라는 문구를 쓰면서 검사직에 대해 탐욕스럽고 잔인한 직업이라고 비판했다. 그리고 도쿄의 변호사회에 등록했다.

변호사 개업 후 인도주의와 사회는 평등해야 한다는 믿음으로 일본 내에서는 농민, 노동자, 부락민 등의 권리보호를 위해 투신했다. 국외에서는 조선, 대만 등 식민지의 민족 및 민중의 권리보호를 위한 각종 사건에 헌신했던 것이다.

이렇게 그가 조선에 대한 관심을 본격적으로 드러낸 것은 3·1만세운동 전후이다. 물론 학생시절에 조선인 유학생과 교류가 있었지만 구체적으로 누구인지 아직 확인되지 않는다.

그는 일본 내의 사회문제만이 아니라, 조선인의 이익을 위해 싸우는 사건에도 직접 나서겠다고 선언한다. 실제로 그는 2·8독립선언으로 검거된 최팔용, 백관수 등 9명에 대한 출판법 위반 사건의 제2심 변호인이 되었다. 이 사건은 본격적인 조선문제 관련 변호와 구원운동 관련 길에 후세 다츠지를 나서게 한다. 그런가 하면 박열이 니시간다西神田경찰서에 구속된 일이 있었다. 경찰은 박열의 변호사와의 면회를 저지하고, 정식 재판이 끝나기도 전에 즉결 처분하여 즉결구류형을 집행하려 했다. 그리고 이를 위해 박열의 장발을 깎으려고 하자 박열은 후세 다츠지 변호사에게 급히 전보를 보내 구원을 요청했다.

결과는 후세 다츠지 변호사에 의해 정식재판이 신청되었고, 마침내 변론 결과 박열은 무죄로 풀려났다. 앞에서 기술했듯이 박열은 여러 차례 일본 경찰에 의해 불법적인 감금과 즉결 구류처분을 당했다. 박열은 간다의 조선기독교청년회관에서 '인권유린 경찰 규탄연설회'를 개최했다. 그리고 경찰에 대해 역공을 가하기도 했다. 그의 뒤에 후세 다츠지 변호사가 있어 가능했던 것이다. 경찰과 밀고 당기는 투쟁 과정에서 박열은 후세 다츠지 변호사에게 믿음을 갖게 되었다. 그와 밀접한 연대 속에 교섭과 협력관계를 유지했다.

박열은 『현사회現社會』 광고란에 "프롤레타리아의 벗, 변호사계의 반역자 후세 다츠지"라는 문구를 실었다. 박열과 가네코 후미코는 후세 다츠지 변호사와 동지적 관계를 넘어 운명적인 관계를 유지해 갔다.

조선인 유학생과 도쿄조선고학생동우회

1920년 조선인 유학생들은 일본 사상 단체에서 활동하면서 본격적으로 조선인들만의 독자적인 조직을 만들기 시작했다.

일본에서 한인 민족운동 중에 가장 먼저 주목되는 사건은 1919년 2·8독립선언이다. 이 사건을 실제로 주도한 세력은 학우회이다. 1911년 흥학회의 후신으로 조선유학생친목회가 결성되었고, 이 단체는 다음해 3월 해산 당했다. 이에 유학생들은 종래의 도별 유학생 구락부를 기초로 하여 1912년 10월 학우회를 조직했던 것이다.

학우회는 조선인 유학생이 조직한 단체 중 세력이 가장 컸으며, 처음 유학 온 조선 학생들은 반드시 이 회에 가입해야 할 의무가 있었다. 학우회는 임시총회 및 웅변회, 졸업생 축하회, 신도래학생환영회, 운동회 등을 통하여 회원간의 친목단합과 유학생활 지원, 배일사상 고취를 지도했다. 이러한 학우회가 주도한 2·8운동은 1919년 2월 8일 재일 유학생들에 의해 조선의 독립을 목적으로 도쿄 조선기독교청년회관에서 오후 2시 독립선언서와 결의문을 낭독함으로써 막이 올랐다. 2·8운동 발생의 직접적인 계기는 영국인이 발행한 『The Japan advertiser』에 실린, 이승만이 한국 대표로 파리강화회의에 간다는 소식과 이광수에 의해 상해에서 독립운동이 계획되고 있다는 것, 그리고 본국에서도 멀지 않아 투쟁이 일어날 것 같다는 소식 등이었다.

이후 2·8운동의 주체는 여러 지역과 다양한 형태로 반일운동에 헌신했다. 특히 이들은 새로운 경향으로 조선인 사회 내부에 들어가 이들

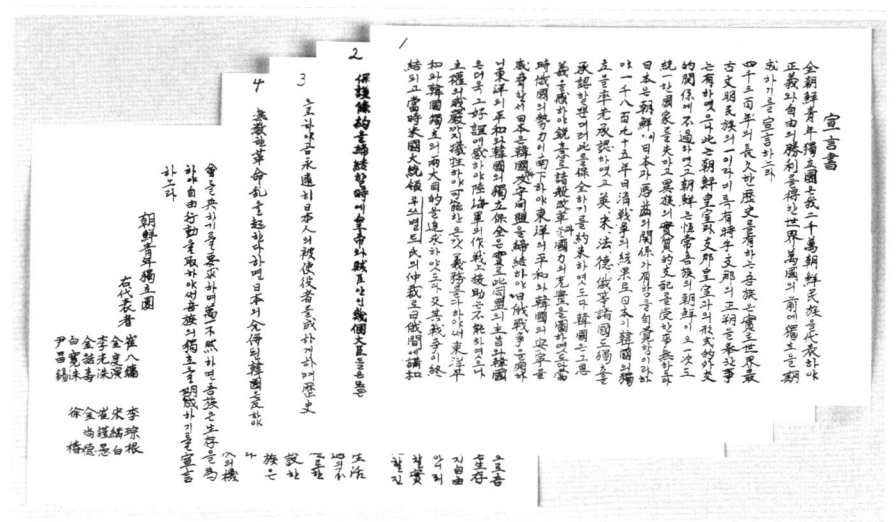

2·8독립선언서(1919년 2월 8일)

을 계몽하고 각성시켜 상호부조와 노동조건의 개선을 위한 운동에 헌신했다. 1919년 3·1만세운동 이후 국내에서 항일운동의 활발한 전개와 더불어 일본에서도 조선인들은 단체를 중심으로 민족운동을 적극 전개했다.

그런가 하면 1920년 4월 11일 재일조선인 불교유학생 최초의 단체인 조선불교유학생학우회가 결성 되었다. 1919년 3·1만세운동 이후 불교계의 일본 유학인이 증대되었고 이를 배경으로 결성되었다. 정광진·엄용식·김상철 등이 발기했다. 이들은 취지서에서 당시 사회를 개조의 시대라고 인식하고 조선 불교의 미래를 위해서는 잠시도 수수방관할 수 없다고 했다. 이를 위해 해외에 있는 불교청년 유학생들이 일치단결하여 조선 불교의 구태를 개조하고, 동시에 사회의 정신을 지도하기 위해 이 단체를 결성했던 것이다.

그런가 하면 천도교청년회도 도쿄에서 지회를 설립했다. 1921년 1월 10일 방정환·김상근·이기정·정중섭·박달성 등이 천도교청년회 도쿄지회 설립을 발기했다. 그리고 1921년 4월 5일 오전에 천일기념식을 올리고 오후 3시부터 도쿄 고이시가와小石川에서 천도교청년회 도쿄지회 발회식을 열었다.

천도교 청년들은 1921년 1월 16일 오후 1시 와세다의 츠루마키쵸鶴卷町 302호 다이센칸大扇館에 모임이 있다고 광고했다. 이 자리에는 방정환·김상근·이기정 등이 모였다.

이때 모였던 사람들은 천도교인으로서 천사天師께 맹세하고, 우의를 돈독히 하며, 교리를 철저히 연구하기 위하여 일정한 장소에서 시일예식을 하기로 결정했다. 또한 천도교청년회 도쿄지회의 설립을 위해 청년회 본부에 후원을 요청하기로 결정했다.

한편 1920년 1월 일본에 있는 조선인 고학생들과 노동자 사회의 상부상조를 표면상의 목적으로 하는 도쿄조선고학생동우회를 결성해 조직 활동을 시작했다. 이 조직은 1917년 1월 조직된 도쿄 노동동지회의 후신으로 이기동李起東·김찬金燦·김약수金若水·정태성鄭泰成 등의 발기로 창립되었다. 구성원들의 사상은 매우 다양했는데, 이들은 주로 고학생과 노동자를 대상으로 강습회, 무료치료, 순회강연, 기숙사 설치, 직업소개 등 상호부조에 전력을 경주했다. 기관지로 『동우同友』를 발행했다.

1922년 1월 박열은 정태성·김약수 등과 함께 재일조선인고학생동우회에서 "전국노동자 제군에 격함"을 발표했다. 도쿄조선고학생동우회가 고학생과 노동자의 구제기관임을 포기하고 계급투쟁의 직접적 행동기관임을 선언했던 것이다. 그리고 1922년 2월 4일자 『조선일보』에 박열, 원종린 등 11명의 연명으로 동우회선언서를 발표하여 국내와 일본의 조선인 청년, 학생들에게 영향을 주었다.

이들은 선언문에서 향후 활동 계획을 밝히고 있다. 즉, 고학생들의 단순한 구제 기관이 아니라 직접적인 계급투쟁기관으로 활동할 것과 일본의 사상 단체와 제휴하고, 노동대학을 설립하여서 노동운동을 전개하려고 했다.

흑도회와 잡지 『흑도』

흑도회는 11월 29일 오후 7시경 갑호 요시찰 인물인 이와사 사쿠타로의 집에서 20여 명이 모여 결성하였다. 1921년 12월 7일자 『동아일보』에 의하면, 이와사 사쿠타로의 집에 동우회와 흑도회의 구성원 20여 명이 모였다. 이날 자리에 참석한 사람이 모인 명분은 세계어연구회 명의로 에스페란토 공부를 한다는 것이었다. 이 모임은 경찰의 급습으로 강제 해산 당했다고 한다. 그리고 참석자들이 경찰서를 항의 방문하고 다음 모임의 허가를 받아냈다.

도쿄조선고학생동우회의 구성원인 박열, 김약수, 정태성 등은 김판권金判權, 조봉암曺奉岩, 권희국權熙國 등과 함께 조선인 사회주의 운동단체의 효시인 흑도회를 조직했다. 이때 이들은 오스기 사카에와 사카이 도시히코 등의 영향을 받았다.

흑도회는 여러 일본인 사상단체에서 활동하던 조선인 유학생들이 독자적으로 단체를 조직하고자 해서 만들어진 것이다. 원종린·김홍기 등 10여 명이 1921년 10월 5일 신인연맹이라는 단체를 조직할 것을 계획하고 창립취지서를 발표했다. 이들은 임택용·황석우 등과 상의하여 별도로 흑양회를 조직하고 이때 박열도 김약수·백무등과 같이 단체 결성을 준비하고 있었다.

이에 오스기 사카에·이와사 사쿠타로·사카이 도시히코·다카츠 마시미치 등의 후원 아래 박열·김약수·김판권·김사국·조봉암 등이 신인연맹과 흑양회를 합병하여 흑도회를 조직하게 되었던 것이다. 이날 흑도회 창립대회에서 박열·정태신·김약수·조봉암·정태성·서상일·원종린·황석우 등이 간사로 선출되었다. 흑도회에는 민족주의·사회주의·아나키즘 등 여러 사상들이 혼재되어 있었다. 박열은 흑도회에 참가하면서도 조선의열단을 염두에 두고 있었다.

의열단은 일제가 가장 두려워한 독립운동 단체였다. 의열단장 약산 김원봉은 상해에 폭탄 제조공장을 세우고 외국인 기술자를 초빙하여 대량으로 폭탄을 제조하였다. 의열단원들은 이 폭탄을 가지고 끊임없이 국내로 잠입하였다. 후일 검찰조사에서 스스로 밝혔듯이 박열은 의열단에 직접 가입하지는 않았지만, 그들과 관계를 맺고 자신의 사상이 의열단과 거의 일치된 사고를 했던 것으로 기억해 내기도 한다.

이와사 사쿠타로의 후원 아래 창립된 흑도회는 각종 행사를 준비했다. 세계노동절 행사를 비롯해 일본 사상단체의 반정부 시위에 적극 참여했다. 이때 박열은 가네코 후미코와 함께 흑도회의 기관지인 『흑도黑濤』의 발간책임을 맡았다.

『흑도』는 모금부터 편집·발행에 이르는 전 과정을 박열과 가네코 후미코가 주도했다. 『흑도』는 흑도회 잡지부에서 발행했는데, 발행 겸 편집인은 박열·가네코 이쿠오(가네코 후미코의 필명이다)로 발행소는 박열의 집이었다. 처음에 8면짜리로 발행할 것을 계획하고 6월부터 유지들을 방문해 제작비 조달과 광고 모집에 들어갔다. 하지만 광고 수입이 얼마 되지 않자 어려움에 직면했다. 그래서 그는 갖은 방법을 동원해서 자금을 마련했다.

1922년 7월 10일 『흑도』 창간호는 논단, 시론, 수필과 시, 소식란 그리고 광고 등으로 구성되었다. 주요 필자는 박열과 가네코 후미코, 그리고 이강하李康夏였다. 박열은 열생烈生, RB생生의 이름으로, 가네코 후미코는 활랑생活浪生으로 글을 발표했다. 창간사는 다음과 같다.

우리는 인간으로서 약자의 절규인 소위 불령선인의 동정과 조선의 내정을 아직 피가 굳지 않은 인간미를 가진 많은 일본인에게 소개하려고 흑도회의 기관지 『흑도』를 창간한다. 우리의 앞길에는 무수히 많은 장애물이 있다는 것을 알고 있다. 그러나 이들 장애물을 정복할 때, 그래서 세상의 많은 사람이 우리를 돌아볼 때, 그때 우리의 날은 오는 것이다.

그때야말로 진정한 일선융합 아니 만인이 갈망해 마지않는 세계 융합이 실현될 것이다. 우리는 그때를 위하여 미력을 다하려고 한다. 부디 여러

분은 우리의 이러한 뜻을 이해하고 정신적으로 혹은 물질적으로 크게 후원해 주시길 기대하는 바이다.

선언은 다음과 같다.

- 우리는 철저하게 자아를 위해 산다. 평소의 일거일동일지라도 모든 것을 자아를 찾는데서 시발점을 찾지 않으면 안 된다. 우리는 철저한 자아주의자로서 인간이란 서로 물고 뜯기만 하는 것이 아니라 서로 친화하며 서로 도와가며 사는 것임을 깨달았다.
- 우리는 각자의 개체적 자유를 무시하고 개성의 완전한 발전을 방해하는 모든 불합리한 인위적 통일을 하려는 데는 끝까지 반대하며, 또한 전력을 기울여 그것을 파괴하기 위해 노력한다.
- 우리는 어떤 고정된 주의가 없다. 인간은 일정한 틀에 박혀 버리면 타락하고 멸망하기 마련이다. 마르크스나 레닌이 무엇이라 하던 크로포트킨이 무엇이라 하던 우리와는 상관없다. 우리에게는 우리로서 존중하여야 할 체험이 있고 명분이 있다. 또한 행동방침이 있으며 뜨거운 피가 있는 것이다.
- 우리는 우리 자신이 해야 할 일과 해서는 아니 될 일을 알고 스스로를 규율한다. 밖으로부터의 어떠한 강한 권력이 있어 우리의 행동을 규율할 수는 없는 것이다.
- 우리는 자기를 희생하는 어떠한 일도 할 수 없다. 사회 인류를 위해 자기를 희생하라고 말하는 저들은 모두 예외 없이 위정가들이다. 그중

일부는 이른바 인도주의 등을 가장하고 있다. 하지만 우리에게 진정한 자기희생이 있다면 그것은 자아에서 출발한 것일 뿐이다.
- 우리는 모두 자유롭다. 배고플 때면 밥 먹고, 하고 싶을 때면 한다. 또한 울고 싶을 때면 울고 웃고 싶을 때 웃으며, 화날 때 화낼 것이다. …… 어떤 한 가지도 다른 데서 지휘를 받는 일은 없다. 마음 다한 곳에 감격이 있다. 자아의 강력한 요구에서 생긴 것이라면 그것이 우리에게는 진이고, 선이고, 미이다. 우리에게는 소위 일체 보편의 진리 대 법칙이란 없다. 그런 것들은 모두 자신의 내면적 요구의 진화 발전과 함께 변해간다
- 우리는 이 인성 자연의 변화 속에 참 질서가 있고, 참 통일이 있음을 발견했다. 여기에 인간의 진화가 있고 새로운 창조가 있는 것이다.
- 여기서 우리는 우리 자신에 의한 우리 자신의 입장을 분명히 선언한다.

주요 필진의 한 사람인 이강하는 「우리의 절규」에서 무산자들의 참담한 현실에 대해 서술하고 있다.

우리 무산계급은 세계 도처에서 절규를 하고 있다. 자유를 얻기 위해서 평등을 얻기 위해서! 열심히 절규하고 있다. 우리 무산계급은 저 부르주아의 억압과 수탈 때문에 역사를 참담한 피로 물들였다. 지금도 여전히 그 상태이다. …… 우리는 새벽부터 밤중까지 하루 종일 일해도 한 조각의 빵조차, 한 조각의 천조차, 또 한 칸의 집조차 쉽게 구하지 못한다. 뿐만 아니라 굶주리고 동사하는 지경에 달하여 들개처럼 비참하게 죽어간

다. 아, 이 얼마나 부자연, 불합리한 인류 사회인가.

특히 자본주의 사회의 모순에 대해 신영우가 신염파란 필명으로 소개한 「어느 친구 방의 벽에서」라는 글은 자본주의에 대한 '대소탕'을 주장하고 있다.

다수의 농변은 소용없고 한 번의 행동이 천만 마디의 말보다 낫다. 추상적인 탁상 이론은 우리 운동에는 무용하다. 이것들은 학자들의 자위적인 사치품에 불과하다. 오직 강한 자기의 체험에서 우러나온 이성의 빛이 최고의 힘 있는 이론이며 가장 필요한 이론이다. 이론을 위한 이론은 집어치워라.
시기나 기회는 우연히 오는 것이 아니고 언제나 우리의 노력과 분투에 의해서 만들어지는 것이다. 시대에 의존하지 말고 시대가 우리에게 의존하게 해야만 한다.
이 지상에서 모든 권력을 매장하자.
분투하여 자유를 탈환하라.
흉포한 금력, 권력에 대항하여 정의의 마적이 되고, 해적이 되자.

이러한 문구가 새겨진 것을 하나하나 읽을 때, 행간에 무릇 진리가 있다. 진면목은 이 친구의 열정이 표현되어 있다는 것이다.
박열은 「직접 행동의 표본」이라는 글에서 직접행동의 필요성을 더욱 강하게 역설했다.

평상시에 법률, 도덕, 습관 등을 최고의 도덕적 가치로 삼는 사법 관계자들이 직접행동에 의한 힘의 투쟁 앞에 무능하다는 것을 직접 감옥에서 경험했고, 이 때문에 오로지 직접적인 투쟁만이 가장 확실한 길이다.

1922년 8월 11일자 『흑도』 제2호가 발간되었다. 2호도 역시 이강하·신영우·가네코 후미코 등이 집필했다.

가네코 후미코는 「생각나는 두세 가지」에서 일본 정부가 조선 독립을 막기 위해 역설한 '일선융합, 일선동조론'을 반박하면서, 일선융합 주장이 조선인을 붉은 피를 가진 인간으로 보지 않는 기만책이고 조선인의 동화를 말하기 전에 살인과 약탈을 일삼는 부도덕한 형제애를 없애는 것이 급선무라고 했다. 그리고 일본인들의 조선에서의 악행을 고발하는 다음과 같은 글을 쓰고 있다.

당신들은 조선인 동화를 운운하기 전에 먼저 재선在鮮 대일본 민족을 인간적으로 만들어야 할 것입니다. 대금 기한이 지났다는 이유로 차주인 조선인을 자신의 집 천장에 거꾸로 매달아놓거나, 대금의 열 배에 해당하는 저당을 가로채기 위해 조선인의 입에 엽총을 들이대기도 하는 …… 그렇게 부도덕한 형제들이 사라지게 해야 합니다.

이강하는 「전선에 나타난 최후의 흉책」이란 글에서 일본 정부와 조선총독부를 비판하여 조선총독부의 문화적 개혁, 즉 문화 선전과 종교 선포의 자유 조치를 프롤레타리아에 대한 최후의 흉책이라고 했다. 그리고 노자 협조는 자본가에 대한 노동자의 노예근성을 더욱 강화시키는 왜곡된 시책이고, 정치 개량도 분노하고 있는 민중의 자유사상을 회유하려는 술책이라고 비판했다.

아울러 신영우(S생)는 의회정치 운동의 본질과 한계를 오스키 사카에의 중의원 보궐선거 출마와 관련해 비판했다. 그리고 의회에서 무엇을 주장하든, 무엇을 제의하든, 그것은 개량주의를 제창하여 자본가들로 하여금 온정주의를 가지게 하고, 노동자들에게 노예근성을 갖게 하며 노자 협조를 도모하는 것이라고 했다.

흑도회의 활동에서 주목되는 것이 1922년 니가타新潟현 나가츠가와中津川 댐 공사장에서 일어난 조선인노동자 학살사건에 대한 조사단 파견과 항의 투쟁이다. 니카다현의 댐 공사장에서 조선인 노동자 600명을 포함한 1,200명이 작업을 하고 있었는데, 강물에 시체가 떠내려 와서 조사해 본 결과, 노동 학대와 학살에 의해 숨진 조선인 사체였다. 이 소식이 전해지자 『동아일보』가 관련 기사를 보도했다. 8월 1일자 『동아일보』는 "학살을 당한 조선 사람의 수가 몇 명이나 되는지 확실치 않으나, 도주하다가 발각되어 살해당한 자와 병이 들어 살해당한 자를 합하면 100명에 가까운 모양이라."는 기사를 준비했다.

그러나 이 기사는 일본경찰에 압수당해 조선 내에는 알려지지 않게 되었다. 당시 동아일보사는 편집국장이었던 이상협을 특파원으로 보내 취재하도록 했다. 이후 박희도를 집행위원장으로 선정하고 나경석·이상협·김사국·김약수 등이 현지를 방문하여 조사했으나 경찰의 방해로 제대로 조사를 하지 못했다.

이에 흑도회는 학살사건조사회를 조직하고 박열을 비롯해 김약수·백무 등이 나경석·김사국과 합류해 현지 조사를 벌였다. 당시 현장에서 주민들조차 협조하려 하지 않자, 박열은 자유노동자로 변장하여 현장에 들어가 조사했다.

『동아일보』 1922년 8월 20일자 「학대 참형의 실례」의 기사는 다음과 같이 진상을 보도하고 있다.

노동자가 일하는 시간은 아침 5시에서 오후 6시까지인데, 그 사이 십장의 학대가 끊일 사이가 없으므로 고역과 학대를 견디지 못하고 도주하는 노동자가 끊이지 않아, 이것을 금지하기 위해 낮에는 감시대를 두고, 밤에는 지옥실이라 부르는 집에 가두고 문을 자물쇠로 채워두는 일이 있다. …… 일본인과 차별이 있고 학대가 극심하다. 경찰의 취조는 성의가 없고 관헌의 태도는 심히 답답하여 철저한 구제책을 강구하기가 극히 곤란한 듯하다. 경찰의 조사에 의하면 아직 조선인 사망자가 5명뿐이라 하니 조사가 불충분하고 원인도 의심스러워 ……

1922년 9월 7일 흑도회는 학우회와 합동으로 도쿄 간다에서 학살규탄연설회를 개최했다. 이 자리에는 청중 2,500명이 모였다. 여기에 조선인은 500명이 참석했다. 김약수의 사회로 나경석과 박열이 조사 보고를 했다. 1922년 9월 9일, 『동아일보』에 실린 박열의 보고요지는 다음과 같다.

감옥 시설과 조직은 미비하기 짝이 없었고, 그 대우는 비인도적이었다. 아마도 이러한 비인도적인 행위는 항상 상급 관리자들의 향은을 받아온 세 명의 순사에 의해 조장되고 있는 것 같다. 이렇듯 무질서한 상태에 대해 일본 정부는 아무런 구제책도 강구하지 않고 있다. 이런 나쁜 제도는 현재의 자본가적 사회조직이 초래한 결과이기 때문에 이와 같은 사회제도를 근본적으로 파괴할 필요가 있다고 나는 생각한다.

당시 시위대와 경찰은 충돌했고 조선인이 7명 연행되었다.

이 사건을 계기로 조선 국내에서는 출가노무자조사회가 결성되었고, 도쿄에서는 흑도회가 주도하여 재일조선인노동자상황조사회가 결성되었다. 이와 함께 흑도회는 식민체제의 근본적인 파괴와 의열투쟁을 강조하는 박열과 대중적 전위정당을 추구하는 김약수와의 균열이 발생했다. 실제로 박열은 국내에 사건보고를 위해 들어왔다가 김한金翰 등 의열단 간부들을 만나 폭탄구입을 요청했던 것이다. 박열은 조선인노동자학살사건과 같은 식민지 현실과 이른바 자본주의를 파괴하기 위해 보다 적극적인 직접행동이 필요하다고 판단했다.

흑도회의 분화

1920년대 초 일본에서는 러시아 혁명의 평가와 노동조합운동의 조직론을 둘러싸고 첨예하게 대립했다. 이 시기에 야마가와 히토시山川均 등 볼셰비키는 프롤레타리아 독재와 민주집중제 등 러시아 혁명의 이론과 실천을 소개하면서, 이에 입각한 일본 노동운동의 조직화를 도모하고자 했다. 이에 대해 오스기 사카에 등 아나키스트는 러시아 혁명을 비판하고, 개인의 주체성에 입각하며 집단의 자발적인 연합에 기초한 혁명의 가능성을 주장하면서 대항했다.

양파의 대립은 일본에서 1921년경부터 첨예했다. 1922년 결성된 노동조합의 전국총연합운동은 이러한 대립을 배경으로 분열되기도 했다.

당시 재일조선인 아나볼 논쟁은 흑도회 내부에서 일어났고, 그 결과는 북성회와 풍뢰회로의 조직적 분화였다. 실제로 흑도회의 해체에는 이념적 논쟁과 함께 회원들 간의 인식 차이도 작용했다. 당시 고학하던 홍진유는 다음과 같은 말을 하고 있다.

> 작년 가을 간다의 조선기독교청년회관에서 니가타현 조선인노동자 학살 사건이 동기가 되어 조선인노동조사회라는 것이 생겼고 창립 총회를 연다고 했다. 나는 그날 일을 마치고 돌아가던 중 방청하러 가서 보니 조선인공산주의자인 김약수가 그 모임의 사회를 보고 있었다. 내가 보니 노동자조사회에 노동자 같은 사람은 한 명도 없어 이상하게 생각했고, 김약수 일파가 매우 뻐기면서 노동자에 대해 잘 아는 것처럼 말을 해서 나는 야유를 퍼부었다. 그때 신염파라는 사람이 나의 주소를 가르쳐 달라고 하면서 노동자의 일은 노동자 자신이 해야 한다, 저들은 야심으로 한다고 말했다. 나는 그에게 주소를 적어 주었는데, 약 반달 정도 있다가 신이 나에게 찾아와 노동자의 일은 노동자 자신이 하게 하자며 흑우회라는 것을 만들자는 이야기를 했다. 그때 장상중을 소개하여 박열을 알게 되었고, 박

열과 장상중·서상일·서동성과 나는 흑우회를 만들기로 했다.

-「홍진유 제2회 신문조서」

실제로 김약수를 중심으로 하는 그룹과 박열을 중심으로 하는 그룹은 경제적인 환경 차이와 함께 경쟁의식이 작용하면서 결국 운동 방식도 달라지게 되었다.

1921년 12월 김약수 등이 중심이 된 공산주의 조직인 북성회北星會와 박열 등의 아나키스트 조직인 풍뢰회風雷會로 분리되었다. 조직된 풍뢰회는 흑우회로 개칭하고 사무실을 홍진유의 집으로 옮겼다.

사실 흑도회의 해체가 정확히 언제, 어떤 과정을 거쳐 이루어졌는지 분명하지 않다. 두 세력은 1922년 9월부터 대립을 하다가 결국 같은 해 10월경에 해체된 것으로 보인다. 박열은 12월경 신영우申榮雨·서상일徐相一·서동성徐東星·홍진유洪鎭裕·장상중張祥重·김근호金根鎬 등 직접 행동을 추구하는 회원들과 함께 흑우회를 조직했다. 1922년 12월 30일 발간된 『후테이센징太い鮮人』 제2호에 실린 동정란에 의하면 흑우회는 "신염파·서상일·홍진유 등 순 아나키스트에 의해 생겨나 도쿄에 사무소를 두고 1월에 기관지를 발행할 예정"이라고 적고 있다.

또한 오스기 사카에가 주관하여 발행하는 일본 잡지 『노동운동』 제10호(1923년 1월 1일)에 「흑우회 성립」이란 기사가 실려 있는데, 이 글에는 흑도회가 "존재 2년 만에 10월 해산하였다"고 적고 있고, "그중 신염파·박열 등 아나키스트들이 모여 흑우회를 조직했다"면서 박열에 의해 『후테이센징』이 발간되었다고 기록하고 있다. 박열과 가네코 후미코는

1922년 11월 『흑도』를 대신하여 『후테이센징』을 창간하면서 본격적으로 아나키즘을 선전하려 하였다.

그런가 하면 북성회는 김약수金若水, 김종범金鍾範, 송봉우宋奉瑀, 변희용卞熙瑢, 김장현金章鉉, 이여성李如星, 안광천安光泉, 이헌李憲 등이 조직했다. 일본지역 내 조선인운동세력을 장악하고 도쿄를 비롯해서 오사카, 고베, 교토 등지에 노동단체를 조직했다. 그리고 일본사회주의 단체인 '무산자동맹회'에까지 참가하여 국제연대를 도모하기 시작했다. 북성회는 관동대지진 때 재일본조선노동자조사회, 도쿄조선노동동맹회, 일본노동총동맹의 원조로 진재동포罹災同胞의 조사, 위문활동을 전개했다.

1923년 11월 말 북성회는 도쿄조선노동동맹회, 오사카조선노동동맹회, 고베조선노동동맹회 등과 함께 한 모임에서 다음 내용을 결의했다.

첫째, 관동대지진 당시의 조선인학살사건에 대해 일본정부에게 그 진상의 발표를 요구할 것.

둘째, 학살에 대해 항의서를 제출하고 피해자 유족의 생활권 보장을 요구할 것.

셋째, 사회의 여론을 환기시키기 위해 조선과 일본의 주요 도시에서 연설회를 개최하고 격문을 반포할 것.

넷째, 관동대지진 당시 가메이도龜戶경찰서에서 살해당한 일본의 동지 9명의 유족을 위해 조위금을 모집할 것.

다섯째, 기관지 『척후대』를 금년 내에 속간할 것.

이 결의는 조선에서 활동하던 회원에게도 전달되었고, 대구 부근의 회합에서도 다시 결의되기도 했다. 북성회의 활동은 크게 국내와 일본 지역에서의 내용으로 나누어 볼 수 있다. 국내에서는 순회강연회, 토요회, 건설사, 북풍회 등을 조직했다. 이렇게 북성회의 조직원들은 정치적 활동무대를 찾아 조선으로 돌아왔으나 1925년 1월 3일 일월회의 조직과 함께 해산한다. 이들 가운데 일부는 신사상연구회新思想硏究會에 가담했지만 대부분은 과거의 유대관계를 계속 유지하다가 1924년 11월 25일 13인의 핵심적인 활동가들을 중심으로 북풍회를 경성부 제동齊洞 84번지에서 조직했다.

가네코 후미코와 만남

1922년 2월경 박열은 그의 평생의 동지이자 아내인 가네코 후미코金子文子와 운명적인 만남을 갖게 된다. 요코하마橫濱 태생인 그녀는 불우한 가정환경과 성적학대로 제국주의 일본의 모순을 온몸으로 느끼면서 천황제와 군국주의에 반감을 가져온 여성이었다. 약 7년 동안 조선 땅에서 갖은 고생을 한 바 있는 그녀는 도쿄 시내의 작은 오뎅집에서 일하면서 조선유학생들과 교류했다. 그때 박열과 만나게 된다.

가네코 후미코는 어려서 부모님과 함께 요코하마의 고토부키초壽町에서 살았고 그녀의 아버지는 그때 고토부키 경찰서의 형사로 있었던 모양이다.

1922년 2월 도쿄에는 유난히 눈이 많이 내리고 있었다. 가네코 후미코는 유라쿠쵸有樂町 스끼야바시數崎屋橋 근처에 있는 이와사끼岩崎 오뎅집에서 일하면서 오전의 한가한 틈을 이용해 세이코쿠영어학교에 다니고 있었다. 그곳은 이와사키岩崎라는 사회주의자가 경영하는 오뎅집으로 주로 사회주의자, 아나키스트들의 집합 장소로 자주 이용되는 곳이었다. 여기에서 그녀는 박열을 자주 만난다.

가네코 후미코

가네코 후미코와 박열의 만남은 정우영을 통해서였다. 그녀는 세이소쿠영어학교로 가는 길에 정우영의 하숙집에서 들렀다. 정우영은 가네코 후미코에게 『청년조선』의 교정쇄를 보여주었다. 이때 박열의 시「개새끼」가 실려 있었다.

나는 개새끼로소이다.
하늘을 보고 짖는
달을 보고 짖는
보잘것없는 나는
개새끼로소이다.
높은 양반의 가랑이에서
뜨거운 것이 쏟아져 내가 목욕을 할 때
나도 그의 다리에다
뜨거운 줄기를 뿜어대는
나는 개새끼로소이다.

박열의 시 「개새끼」를 읽은 가네코 후미코는 시의 한구절 한구절이 그녀의 마음을 강하게 비끄러맸다. 그녀는 숙명적인 사랑에 빠졌다. 그때 박열은 일정한 직업도 없이 친한 친구 집을 전전하면서 생활했다.

며칠 후 가네코 후미코는 정우영의 하숙집을 갔다. 여기서 정우영의 친구 박열을 만났던 것이다. 떨어진 단추의 코트, 소맷부리가 너덜거려 초라한 모습의 박열이었지만 그의 강렬함이 가네코 후미코에 큰 충격이었다.

그녀가 찾고 있던 사람, 그녀가 하고 싶었던 일, 그것이 틀림없이 박열의 몸안에 있음을 느꼈다. 그 사람이야말로 그녀가 찾고 있던 사람이라고 생각했다.

한 번은 세이소쿠영어학교를 마치고 중국 요릿집에서 박열을 만난 가네코 후미코는 구애를 하게 되었다. 당시 박열은 허무주의자였다. 그러나 한편으로는 마음 속에 버릴 수 없는 민족주의가 배태되어 있었다.

"당신 혹 배우자가 있으신가요? …… 사랑하는 사람이라도 있나요? …… 만약 그런 사람이 있다면, 나는 단지 당신과 동지로서만 교재해도 상관없습니다만 …… 어떠신지요."

"난 혼자입니다."

박열은 대답했다. 그리고 박열은 일본의 권력계급에게는 반감이 있지만 일반 대중에 대해서는 그렇지 않다고 하면서, 편견이 없는 사람에게는 친밀감이 있다고 했다.

가네코 후미코와 박열의 만남에서 주목해야 할 부분이 있다. 가네코 후미코의 자서전에서 그 내용이 확인된다.

"당신은 민족운동가이십니다 …… 나는 사실 조선에서 산적이 있기 때문에 민족운동에 몸담고 있는 사람의 심정을 충분히 이해할 수 있습니다. 하지만 누가 뭐래도 나는 조선인이 아니어서 조선인처럼 압박당한 경험이 없기 때문에 그러한 사람들과 조선의 독립운동을 해야겠다는 생각이 들지 않습니다. 그러니 당신이 만약 독립운동을 하는 사람이라면 유감스럽지만 당신과 함께 일을 할 수가 없습니다."

"조선의 민족운동가들에게는 동정할 만한 점이 있습니다. 그래서 나도 일찍이 민족운동에 가담하려고 생각했던 적이 있습니다. 그래서 나도 일찍이 민족운동에 가담하려고 생각했던 적이 있습니다. 하지만 지금은 그렇게 생각하지 않습니다."

"그렇다면 당신은 민족운동에 완전히 반대하는 것입니까?"

"아니오. 전혀 그렇지 않습니다. 그러나 나에게는 나의 사상이 있습니다, 일이 있습니다. 나는 민족운동의 전선에 설 수가 없습니다."

"나는 당신에게서 내가 찾고 있던 것을 발견했습니다. 당신과 함께 일할 수 있으면 좋겠습니다."

두 사람은 서로를 확인하고 동거생활에 들어갔다. 가네코 후미코는 박열과 만나서 그의 사상과 행동 생활방식 속에서 자기의 삶의 방향을 발견하게 되었던 것이다. 두 사람은 동거함에 있어 다음과 같이 서약을 했다.

첫째, 동지로서 동거한다.
둘째, 운동 활동 방면에 있어서는 후미코가 여성이라는 관념을 제거

한다.

셋째, 한쪽의 사상이 타락해서 권력자와 손잡는 일이 생길 경우 즉시 공동생활을 그만둔다.

그러나 두 사람의 동거생활은 쉽지 않았다. 잡지 발간비 조달과 생활비 마련, 그녀는 가끔 이와시끼 오뎅집에서 일해야 했다. 그리고 인삼행상을 하며 생활해야 했다. 그리고 박열은 잡지 광고모집과 판매를 하느라 이리저리 뛰어다녔다. 유학생들을 찾았다. 그러면서 자금이라고 하면서 돈을 빌렸다.

박열은 박순천을 누이라 부르며 자주 찾아가서 늘 '군자금'이라면서 돈을 빌렸다. 박순천은 박열보다 4살 많았다. 그녀는 미혼으로 게이오대학에 다니는 변희용의 구애를 받고 있었다.

변희용은 박열의 흑도회 회원이었다. 박열이 박순천을 알게 된 것도 변희용을 통해서였다. 그때 변희용은 박순천의 생일선물로 12원이나 하는 '국민경제강화' 책을 사준 일이 있었다. 박열이 박순천에게 '군자금'을 청구하러 왔다가 현금이 없다고 하면, 그 책을 빌려다가 전당포에 맡기고 5원을 변통해서 쓰곤 하였다.

폭탄 구입 문제

박열은 외항선원 스기모토 사다이치杉本貞一를 통해 외국에서 폭탄을 구입할 것을 논의한다. 그리고 약국 수백 군데에서 폭약 재료를 사서 폭약을 제조하려고 했지만 실패했다.

박열은 천황과 주요 인사들이 모이는 곳에 폭탄을 던져 테러할 것을 당면의 목표로 했다. 그는 1922년 9월 서울 경운동 천도교회당에서 개최된 노동자 대회에 무산자동맹회의 초청으로 니가타현 조선인학살사건에 관한 보고를 하고 이때 노동자 대회 준비위원장 겸 조선무산자동맹위원인 김한을 만났다. 그리고 곧 바로 도쿄로 돌아갔다. 그 해 11월 서울에서 다시 김한을 만나 중국에 있는 의열단을 통해 국내로 반입되는 폭탄 중 몇 개를 늦어도 1923년 2월까지 도쿄로 보내주기로 확답을 받았다. 그리고 그동안의 연락은 서울 관철동 이소홍과 하기로 약속했다.

그런데 1923년 1월 12일 김상옥金相玉에 의해 종로경찰서 폭탄투척사건이 일어났다. 김상옥은 거사후 매제 고봉근 집에 숨어 있다가 발각되었다. 수십 명의 일본경찰에 포위되어 일대 시가전을 방불케 하는 사건을 일으켰다. 결국 김상옥은 일본 경찰에게 피해를 주고 최후에 순국한다. 이 사건에 폭탄 입수문제로 박열이 만나고 있던 김한이 연계되어 있었다. 김한은 의열단에 관계했던 것이다.

의열단은 1919년 11월 9일 길림성 파호문에서 결성되었다. 김원봉은 오랫동안 생각해 온 비밀결사 조직을 결성했다. 당시 구성원은 김원봉을 비롯하여 윤세주, 이성우, 강세우, 이종암, 한봉근, 한봉인, 김상옥, 신철휴, 배동선, 서상낙 등이 모였다. 조국 광복의 밑거름이 되었던 의혈투사로 공포의 결사대로 일제의 간담을 서늘하게 만든 조직이 바로 의열단이었다. 나이 22세의 김원봉이 단장으로 선출되었다. 박열의 폭탄 입수 계획은 김한이 1923년 1월 의열단원 김상옥의 서울 종로경찰서

김원봉

김상옥

폭탄투척사건과 관련되었다고 체포되어 결국 무산되었다.

11월 다시 서울로 되돌아 온 박열은 김한에게 늦어도 1923년 가을까지는 폭탄을 인계해 달라고 요청했다. 1923년 11월로 예정되어 있는 히로히토裕仁의 결혼식을 염두에 둔 것이었다.

실제로 박열은 스스로 의열단에 가입했다고 밝히고 있다. 그리고 의열단을 일본 제국에 대해 폭력으로 대항하는 단체라고 생각했고, 이러한 생각이 자신의 사상과 일치한다고 밝히기도 했다.

박열은 폭탄 입수에 적극적이었다. 그에게 대역죄를 씌워 사형언도를 내렸던 일본 대심원의 판결 이유는 박열과 가네코 후미코가 일제의 최고 권력이요, 상징인 천황을 죽이려고 했다는 것과 그렇게 하기 위해 폭탄을 입수하려고 했기 때문이었다.

당시 일본의 사회운동가와 조선인 운동가들은 일본 사회의 개조와 변혁을 통한 조선독립을 쟁취하고 일제를 타도하는 방법에 보다 적극적이었다. 이들은 강력한 방안을 찾고자 노동운동과 사회운동 관련 강연회와 사상 잡지 발행, 단체 규합 등으로 행동방향을 모색했다.

1923년 4월 김중한은 도쿄로 가 경성고보 선배인 박열을 찾아갔다. 의열단 동지로서 김한, 황석우 등과 친했던 같은 경성고보 동창 이윤희*

允熙의 소개로 찾아온 김중한은 박열의 경성고등보통학교 후배이기도 했다. 그 무렵 박열은 폭탄입수 방법에 대해 고민을 하고 있었다. 실제로 화약을 구입해 폭탄을 제조하는 실험 단계에까지 갔다. 그러나 자금난과 기술력 부족으로 성공을 하지 못했다. 박열은 김중한을 만나 많은 이야기를 나누었다. 그는 나라 잃은 서러움과 무참한 현실의 일본 땅이 도쿄이고 항일의 혁명적 일본 땅이 도쿄라면서, 항일의 혁명적 기운을 일으키고자 일제의 심장부를 향해 온 힘을 다하여 싸워 온 자신의 의지를 피력했다. 그리고 마지막 순간까지 온 몸을 던져 가장 유효한 방법을 찾아 갈 것이라면서 강력한 투쟁을 말했다.

김중한도 그동안 국내에서 있었던 의열단의 활동을 설명했다. 그는 폭탄반입 과정과 테러 사건 등 자신이 여러 항일운동에 참여한 것을 얘기하며, 힘이 미치는 한 도움이 된다면 어떤 일이라도 하겠다고 말했다. 결국 박열은 상하이에 있는 동지들에게 연락하여 폭탄을 입수하는 방법을 알아보고 될 수 있으면 빨리 상하이로 가서 연락을 취해 주기를 김중한에게 부탁했다. 그것은 그 해 9월 경에 있을 예정인 황태자 결혼식에 천황과 그의 황족이 모두 참석한다는 것을 알고, 그들을 테러할 기회를 노렸던 것이다.

그런데 얼마 지나지 않아 박열은 김중한에게 부탁한 폭탄입수를 취소시킨다. 여러 가지 사정으로 인해 상황이 달라져서 폭탄이 필요 없어졌기 때문에 계획을 중단해 달라고 했던 것이다. 실제로 박열은 김중한이 같은 불령사 회원인 니야마 하츠요新山初代라는 일본인 여성과 사랑하는 사이임을 알게 되었다. 이러한 사실을 알게 되자 박열은 김중한이 폭탄 입수 의뢰를 받았다는 것을 혹시라도 일본인 여성에게 알리면 큰 낭패를 보게 될 것이라고 생각했다. 때문에 박열은 서둘러 김중한을 불러 폭탄 입수 계획을 취소시켰다. 박열은 김중한을 중요한 임무를 믿고 맡기기 어려운 인물로 판단했다. 그리고 자신이 신중하지 못했음을 깨달았다. 1923년 8월 11일 박열의 집에서 불령사 정기모임이 있었다. 여기에서 김중한은 박열에게 배신당한 울분을 토하며 심하게 박열에게 대들었다.

박열은 훗날 신문조서에서 그는 다른 방법에 의해 소기의 목적을 달성하기로 생각을 굳히고 있어 김중한에게 부탁했던 것을 거절했다고 한다. 그러자 김중한과 그의 애인 니야마 하츠요는 불령사 모임 때 박열에게 크게 항의하고, 8월 31일 도쿄역에서 야간열차를 타고 조선으로 돌아왔다.

이렇게 박열의 폭탄입수 계획은 실패로 돌아가고 비밀결사 단체인 불령사는 해체되고 말았다. 8월 29일 일본 경시청 내선계에서 니히야마 하츠요의 집을 찾아가서 박열을 비롯한 불령사 회원들의 동향을 탐지해 갔다. 그리고 며칠 후 관동대지진이 일어났다.

그렇다면 박열은 폭탄유입 계획을 영영 포기했던 것일까. 최근에 발표된 연구성과에 의하면, 박열은 네 번의 실패에도 불구하고 일왕폭살 계획을 포기하지 않은 것으로 보인다. 다섯 번째 계획은 일제 검찰조사 과정에서 밝혀지지 않았지만, 후일 불령사 동지이자 폭탄운반 당사자라고 스스로 밝힌 최영환의 회고록을 통해 확인할 수 있다.

1922년 6월경 박열을 처음 만난 최영환은 곧 그의 항일정신에 동조하여 불령사의 회원이 되었고, 그가 발간한 『후테이센징』과 『현사회』의 제호를 직접 쓰면서 가까워졌다. 정확히 어느 때인지는 분명치 않지만, 박열은 북해도의 재산가인 아리시마 다케오有島武郎를 협박해 돈 만원을 빼앗아 투쟁자금을 확보한 후, 동지 최영환에게 상하이로 가 폭탄을 가져 올 것을 요청하였다. 최영환은 이 사실을 다음과 같이 회고하였다.

> 박열이 이미 상해上海에 연락되어 있던 곳을 알려주어 나는 돈 1000원을 갖고 나가사키長崎에서 2주일간 상해로 오가는 배편을 살폈다. 그때 나는 선원을 꾀었다. 어린아이처럼(당시 내키가 작았으므로) 돈도 잘 모르는 체 백원을 주며 "아저씨, 나 상해 구경 좀 시켜줘요"하고 말했다. 50세쯤 된 그 선원은 좋다고 하며 자기 아들처럼 자기 뒤만 따르라고 했다. 나는 미리 돌아올 때까지도 부탁해 두었다.
> 상해에 내려 연락했던 다물단多勿團 동지로부터 받은 폭탄이 든 작은 상자를 중국음식점에 옮겨 두었다가 그 선원에게 내 짐을 실을 수 있도록 협력을 얻어 무사히 도쿄까지 운반했던 것이다. 그때의 조마조마한 마음이야 헤아릴 수 없지만 작고 어리게 보인 득을 톡톡히 보았다. 이리하여 박열과 여러 동지들은 일본 황태자가 곧 아내를 맞아 황태자의 섭정을 하게 정해져 있으므로 이 기회를 노리고 있었다.
>
> ―『국제신보』 1975년 2월 22일자

박열은 의열단 김한으로부터의 폭탄유입과 김중한에게 부탁한 것과 별도로 중국의 또 다른 한인 의열단체인 다물단으로부터 폭탄구입을 협의한 것으로 보인다. 박열은 폭탄운반 책임을 두 살 아래인 최영환에게 부탁하였고, 그는 무사히 상해로 가 폭탄을 인계받은 후 도쿄 모처로 가져오는데 성공했다는 것이다.

물론 박열의 폭탄투척거사는 9월 1일 관동대지진이 발생해 불령사 회원 전원이 붙잡힘에 따라 좌절되고 말았다. 최영환 역시 불령사 연루자로서 9월 28일 시부야경찰서에 검속되었다. 하지만 일본경찰의 조사과정에서 최영환의 폭탄유입 사실은 전혀 들추어지지 않았다.

일본경찰은 나에게서 무엇인가를 캐내려고 심문을 계속했다. 경찰은 이미 내가 불령사에 있는 줄 알고 있었고, 박열과의 관계에 대해서도 상세한 정보를 입수하고 있었다. 처음 나는 폭탄운반관계를 이들이 캐내려는 줄 알고 내심 놀랐으나 그것은 아니었다. 이들은 나의 지난 행각으로 보아 무엇인가 캐낼 것이 있으리란 막연한 정보를 갖고 수사를 계속했던 것이다. 나는 조사를 받으면서 혹시 박열이 경찰에서 폭탄관계를 얘기해 버린 것이나 아닌지 눈치를 살폈으나 경찰은 까맣게 모르고 있는 듯했다. 이것저것 아무것이나 계속 물어댈 뿐이었다.

-『국제신보』1975년 3월 20일자

최영환은 29일간에 걸친 일본경찰의 조사를 받았지만 폭탄유입 사실을 말하지 않았다. 그로부터 그는 약 3년간이나 여러 경찰서에 끌려 다니며 조사를 받고 검찰의 신문조서를 작성했지만, 상해 다물단으로부터의 폭탄유입 사실은 발각되지 않았다. 만일 그 해 9월 1일 관동대지진이 일어나지 않았더라면, 그 해 10월 예정대로 일본 제국의 황태자 히로히토裕仁 성혼식이 거행되었을 것이며 그 자리에 죽음을 각오한 박열 등이 폭탄을 투척했을 것이다.

흑우회의 결성

조선인 유학생들이 만든 흑도회는 전술했듯이 아나키즘과 볼셰비즘 사이의 노선투쟁인 아나볼 논쟁을 거친다. 이후 아나키즘 계열은 흑우회를 조직하고, 볼셰비즘 계열은 북성회로 갈라졌다.

흑우회의 경우 결성 당시 회원은 박열과 신영우, 홍진유, 서상일, 박흥곤, 장상중 등이었다. 그리고 여기에 가네코 후미코, 구리하라 가즈오栗原一男가 가담했다. 회원 수는 1924년 30명, 이듬해는 20명 정도였다. 박열, 홍진유와 같은 20대 초반의 고학생들이 흑우회를 결성했던 것이 특징이라고 할 수 있다.

여기에서 박열은 적은 나이에도 불구하고 조직 결성 때부터 활동을 주도하고 실제 책임자 역할을 수행했다. 핵심 구성원은 박열·장상중·서동성·육홍균 등으로 노동자 출신의 고학생이 중심이었다.

조직을 이끌었던 박열은 기관지 『후테이센징』을 1922년 11월 간행했다. 그는 발간 취지문을 다음과 같이 쓰고 있다.

일본 사회에서 혹독하게 오해를 받고 있는 '불령선인'이 과연 앞뒤를 가리지 않고, 암살, 파괴, 음모를 꾀하는 자인가, 아니면 어디까지나 자유를 향한 열정을 안고 살아가는 인간인가를, 우리와 유사한 경우에 있는 일본인 노동자들에게 고하고 동시에 …… 본지를 후원하는 것도 자유이나 공격하는 것 또한 제군의 자유이다.

박열은 『후테이센징』 제1호 「×××취체법안」에서 소위 일본에 거주하는 조선인의 과격 시위나 폭력을 예방한다는 이유로 고안된 취체법안의 본질을 폭로했다. 경찰청 특별고등과와 내무성 경보국에 내선계를 두어 조선인의 검속을 합법적으로 만들었다고 비판했다. 그리고 조선인의 모든 집회에 일본 경관이 입회하며, 조선과 일본으로의 여행을 금지시키려 하기 때문에 이를 반대한다고 피력했다. 아울러 그는 이념적 대결 구도를 견지하면서 「조선의 사기 공산당」이란 글을 통해 장덕수·최팔용 등이 러시아에서 받은 혁명 지원금을 횡령했던 사실에 대해 비난했다.

같은 해 12월 『후테이센징』 제2호도 발간되었다. 여기에서 가네코 후미코는 '박문자'라는 필명으로 「소위 불령선인이란」 제목의 논설을 통해 '불령선인'이라는 말이 올바른 의미로 이해되고 사용되고 있는가를 반문했다. 그리고 '불령선인'이란 어디까지나 자유를 향한 열정을 안고 살아가는 인간이라 정의했다. 실제로 박열은 제호로 본인이 신청한 '불령선인'을 일본 경시청이 허락하지 않자 경찰들이 '괘씸한 조선인 놈'이라고 말한 데서 제목을 쓰게 되었다고 한다. 당시 '후테이센징'이라는 용어는 일본 경찰이 제국주의 체제에 저항하는 조선인을 '불령선인'이라고 비하한 것에서 비롯되었다.

그런가 하면 박열은 『후테이센징』 제2호의 「아시아 먼로주의」에서 대동아 단결 주장을 비판하고 일본의 지배 권력자들이 식민지 침략을 합리화하기 위해 개발한 이런 논리는 침략과 약탈의 현실을 무시하고 있다고 했다. 그는 단순히 같은 아시아 인종이기 때문에 조선인들에게 단결을 강요하는 것은 어불성설이라며 일본 제국주의자들의 감언에 속아서는 안 된다고 주장했다.

박열은 1923년 3월부터는 보다 온건한 제목의 월간 『현사회現社會』로 『후테이센징』의 제호를 바꾸어 발행하였다. 편집인 겸 발행인이었던 박열은 '후테이센징'이란 제목은 광폭한 국가 일본과 자본가 모두에게 고통을 주는 이름으로 바꿔 발행한다고 밝혔다. 『현사회』는 신문 판형에서 잡지 판형으로 바뀌어 증면 발행되었다. 당시 동인은 박열을 비롯해 가네코 후미코, 그리고 경성에 있는 이윤희와 이필현 등이었다.

『현사회』는 이전의 두 잡지 보다 많은 내용이 삭제되어 있다. 결국 그 내용을 제대로 파악할 수 없는 정도였다. 그러나 박열의 사상을 알 수 있는 주목되는 글이 있다.

『현사회』 제4호는 볼셰비키즘에 대한 전면적인 비판을 하고 있다. 박열은 「조선의 민중과 정치 운동」에서 최근 도쿄의 조선인 사회운동자들 가운데 지배적 권력광들이 나타나서 자신의 지배적 권위를 옹호하고, 다수의 정직한 사람들을 착취하며, 억압하기 위한 도구로 볼셰비키 정권을 규정하고 새로운 특권계급이라고 비판했다. 「소위 다수의 정체」라는 글에서 육홍균은 머리수로 모든 것을 결정짓는 놈들이 공산당이라면서 다수의 주장이라고 외치는 자들이 결국 민중의 힘을 이용해 권력을 장악하려는 야심을 갖고 있다면서 공산당의 횡포를 막아내자고 했다.

이러한 논리는 결국 민족주의와 공산주의를 동시에 비판하는 내용으로 발전했다. 한현상은 「욕구」라는 글에서 "결국 나는 나다. 그래서 나 자신은 자신의 문제이며 결코 제3자에게 용인받아야 할 이유는 없다."고 개성을 중시하는 논리를 확장시켜 반민족주의, 반공산주의를 표현하고 있다. 그리고 볼셰비키들을 다음과 같이 개탄하고 있다.

"마르크스를 우상 신으로 받들고 권력 장악의 반광신적 창녀 노릇을 하고 있는 볼셰비키들이 우편향으로 타락하고 있다."

흑우회의 신영우, 서상일, 홍진유, 서동성 등은 민중운동사를 설립하고 1923년 5월 『민중운동民衆運動』을 발간했다. 순한글로 발간된 이 월간사상 잡지의 발행을 위해, 박열은 흑우회 사무소에서 편집 및 통신을 비롯한 기타 일체의 사무를 보았다. 그러나 이 잡지의 실물은 아직 확인되지 않는다.

흑우회는 일본 및 조선의 여러 사회단체들과 함께 연대 활동을 전개했다. 흑우회원들은 기관지를 통해 '과격사회운동 취체법안'에 대해 반대의견을 개진하듯이 대규모 연합시위에 참여했다. 또 일본 노동단체 주최로 열린 세계노동절 행사에 참가해 '8시간 노동제 실시'와 '조선의 해방'을 외치다가 경찰에 연행되었다. 박열과 가네코 후미코 등 흑우회 구성원도 대회에 참가하다가 경찰의 검속에 걸려 경찰서 유치장에서 하룻밤을 지새웠다. 이밖에도 흑우회원들은 조선문제강연회를 열어 항일의식을 고취시키는 한편, 서울과 도쿄의 노동단체들과 연락관계를 맺는 등 활발한 대외 연대활동을 펼쳤다.

1923년 8월 10일 흑우회는 해체 논의를 공식적으로 제기했다. 이 자리에는 중심 인물이었던 박열과 가네코 후미코가 참가하지 않았다. 다음 날 모임에서 김중한과 홍진유는 다시 흑우회 해산을 주장했고, 박열과 장상중, 최영환 등이 반대했다. 결국 회원들은 흑우회의 공식 해산을 결의했다. 이후 흑우회는 관동대지진 이후 1924년 9월 조직이 재건된다.

관동대지진과 조선인학살

일본 도쿄 일대에서는 1923년 9월 1일 낮 11시 59분에 대지진이 일어났다. 도쿄와 요코하마 일대를 혼란에 빠뜨린 지진은 강도 7.9였다. 지금까지 알려진 피해상황은 관동지방에 20만 명 이상의 이재민이 발생하고, 10만 명의 사망자와 1백억 엔 이상의 재산 피해를 입었다. 그리고 사망자 91,344명, 전파 소실가옥 464,900동이라고 집계되어 있다. 실제로 도쿄와 요코하마 일대는 지진 직후 화재가 발생하여 큰 피해를 입었다.

당시 도쿄에는 많은 이재민들이 생겼다. 우에노上野공원, 히비야日比谷공원, 궁성 앞, 야스쿠니靖國신사 등에 군중이 모여들었다. 부모나 가족이 죽거나 헤어진 경우, 집이 불타서 갈 곳이 없는 경우 등 본인이 살아남은 것도 그야말로 하늘이 내린 행운이었다. 이들은 자연스럽게 무리가 되었고, 먹을 것을 요구하여 극도의 혼란을 야기시켰다. 이렇게 되자 일본정부는 급히 대책을 세워야 했다.

내무대신 미즈노 렌타로水野錬太郎, 내무성 경보국장 고토 후미오後藤文

夫, 경시총감 아카이케 아츠시赤池濃 등은 치안유지 대책을 세웠다. 일찍이 이들은 내무성에 근무하며, 1918년 쌀소동 때 민중을 탄압했던 사람들이었다. 한마디로 말해 민중의 힘을 아는 사람들이었다. 미즈노 렌타로는 조선의 1919년 3·1만세운동 때 조선총독부 정무총감이었다. 그리고 아카이케 아츠시는 경무국장이었다.

경보국장 고토 후미오는 9월 1일 오후 상황을 살펴보고, 비상수단으로 계엄령 선포를 이미 관계자들에게 얘기했다. 상황을 보고 받은 내무대신 미즈노 렌타로도 같은 생각이었다. 문제는 계엄령을 선포할 구실이었다. 일반적으로 계엄령의 선포에는 전시나 내란이 전제 조건이었다. 미즈노 렌타로는 계엄령의 선포 이유를 '조선인 내습'이라고 했다. 마침내 일본 정부는 9월 2일 오후 6시를 기해 계엄령을 선포했다.

조선인을 비롯한 학살은 조직적으로 자행되었다. 일제는 사회운동을 탄압하면서 눈엣 가시였던 조선인을 조직적으로 제거하고자 했다.

1920년대 일본에서는 사회운동이 활발했다. 1921년에는 일본노동자총연맹이 결성되고, 1922년에는 일본공산당이 조직되었다. 이와 함께 불황이 밀려오자 일본 사회는 불안정해졌다. 이런 가운데 지진이 일어났던 것이다. 지진이 발생하자, 민심은 흉흉해졌다.

당시 조선인은 돈을 벌거나 공부하기 위해 일본에 갔다. 한반도에서 조선인이 본격적으로 일본에 건너가기 시작한 것은 제1차 세계대전때인 1912년 무렵부터이다. 일본으로 간 조선인들은 주로 나가사키 등 4대 공업지대에 집중되었다. 이유는 생계와 보다 많은 기회를 얻기 위해서였다. 1923년 관동대지진이 일어날 당시 도쿄에 있던 조선인은 9천 명 정도로, 노동자는 약 6천 명, 학생은 3천 명 정도였다. 농사짓다가 일본으로 건너간 조선인은 막노동으로 생계를 유지했다. 낮은 임금을 요구하는 작은 공장에 고용된 조선인은 일본 자본주의의 첫 번째 착취의 대상이었다.

학업을 위해 건너간 조선인은 지속적인 감시 대상이 되었다. 특별한 날이 되면 예비 검속을 하거나, 주요 인물의 동태를 항시적으로 감시했다. 그리고 각종 집회를 통제하여 조선인들만의 모임 자체를 용납하지 않으려 했다. 쉽게 얘기해서, 당시 조선인은 지도와 통제의 대상일 뿐이었다. 그런데 관동지방에 대규모의 지진이 내습해 왔다. 어떻게 보면 식민지 조선인들을 정리할 수 있는 좋은 기회가 온 것이었다.

조선인은 왜 죽었을까.

적어도 6000명 이상의 조선인이 학살당한 관동대지진은 유언비어가 발단이 되었다. 물론 일본 정부와 경찰의 조직적인 책동이 없었다면 있지도 않을 일이었다. 조선인을 학살한 유언비어는 9월 1일 오후 1시경부터 일본정부에 의해 조직적으로 유포되기 시작하여, 2일과 3일에는 완전히 관동지방에 나돌았다. 지진이 일어나고 1시간밖에 되지 않아 조선인이 악질적인 짓을 하고 있다는 것이다. 철저한 준비가 없었다면 불가능한 일이었다.

당시 시내무성의 통달문은 다수의 '불령선인'이 과격사상을 가진 자와 규합하고 있으므로, 재향군인회, 소방수, 청년단원 등이 협력해서 그들을 경계하고, 일단 유사시에는 신속히 적당한 방책을 강구할 것을 고지했다. 또한 일본 언론은 근거 없는 유언비어를 보도하여, 조선인의 학살을 자극했다.

『도쿄일일신문東京日日新聞』은 9월 1일자로 일본에서 최초로 관동대지진에 관한 뉴스를 호외로 발간했다. 9월 3일에는 불령선인이라고 하는 용어를 사용하여 1면 톱으로 조선인의 폭동을 보도했다.

조선인 200명이 경찰과 충돌하여 수십 명의 부상자가 생겼는데, 현장에서 20명을 검거했으나 모두 달아났다. 불령선인들이 절도·강간하고 있다.

유언비어의 내용은 이렇다. 조선 사람들이 지진의 혼란을 이용하여, 폭행, 약탈, 방화, 여성 능욕, 폭탄 투척, 집단 습격, 우물에 독극물 투약 등의 만행을 자행하고 있다는 것이다. 목숨을 부지하기도 힘든 사람들이 어떻게 이런 일을 할 수 있다는 말인지 의문이 아닐 수 없다. 일본의 유명한 영화감독 구로자와 아키라黑澤明는 관동대지진 당시의 경험담을 얘기하고 있다.

우리 가족도 우에노 지역 근처의 화재 때문에 집을 잃은 친척들을 찾으러 나섰다. 그런데 아버지가 수염을 길게 길렀다는 이유만으로 몽둥이를 든 무리들이 아버지를 에워쌌다. …… 우리 동네에서는 각 집마다 한 사람씩 보초를 내도록 했다. …… 내가 죽검을 들고 나갔더니, 고양이 한 마리 겨우 지나갈 수 있을 정도의 하수관에 나를 배치해 주었다. 그들은 거기에 나를 배치하며 "한국인들이 그 안으로 들어가 숨을 지도 몰라"라고 하는 것이었다. 이보다 더욱 우스운 일도 있었다. 그들은 우리들에게 동네 우물들 중 한 곳의 물을 퍼먹지 못하도록 지시했다. 이유는 그 우물 둘레에

쳐진 벽 위에 하얀 분필로 이상한 부호가 적혀 있다는 것이다. 그것은 우물에 독을 탔음을 표시하는 한국인 암호일 수 있다는 것이 그들의 추론이었다. 나는 어안이 벙벙해졌다.

사과는 폭탄으로, 쌀 씻은 물이 독극물로, 우유배달부의 표식은 테러를 위해 해 둔 기록으로 둔갑했다. 그리고 고춧가루가 폭발물이 되었다. 문제는 이러한 허무맹랑한 얘기를 일본 사람들이 믿었다는 사실이다. 또한 일본 정부와 군경은 국민 사이에 빠른 속도로 이런 얘기를 유포시켰다.

이렇게 일본 사람들이 유언비어를 믿었던 데는 이유가 있었다. 국가에 대한 철저한 믿음, 일상 신문에 의해 확산된 조선인에 대한 공포감, 노동시장에서 밀어내고 싶어하던 일본 노동자의 편협한 의식 등이 작용했다.

일본 정부의 선전과 선동에 일본 민중은 흥분했다. 일본 민중은 9월 1일 저녁부터 조선인을 학살하기 시작했다. 군인과 경찰의 지도로 자경단을 구성하여 조선인이라고 확인되면, 현장에서 즉각 살해했다. 희생자들은 대부분 일본어를 할 수 없는 노동자들이었다. 그리고 임산부나 어린이 등도 다수 포함되어 있었다. 학살 방법은 죽창이나 철장, 몽둥이, 총칼 등 사람을 죽일 수 있는 온갖 물건이 동원되었다. 시체는 강물에 버리거나 소각, 매장하여 학살 사실을 철저하게 은폐했다. 그러나 이러한 현장들이 최근에 속속 밝혀지고 있다.

조선인의 학살이 본격적으로 자행된 것은 4일을 전후해서였다. 그리고 도쿄에서 가장 학살이 심했던 곳은 가메이도경찰서였다. 하루 저녁에 312명이나 학살되기도 했다. 또한 요코하마, 치바, 사이타마埼玉, 군마群馬현 등지에서 수천 명의 조선인이 단지 '조선인'이라는 이유 하나만으로 죽어갔다. 조선인과 함께 중국인도 학살되었다.

그런데 학살이 있고 나서 뒤늦게 조선에 사실이 알려지기 시작했다. 9월 5일 도쿄 일대의 조선인 유학생들은 유학생 생사 확인을 위한 집회를 가졌다. 그리고 재일조선인 친족회가 실태 조사를 결의하는 대회를 열었다.

이에 대해 조선총독부는 각 경찰서를 통해 엄격히 감시했다. 『동아일보』, 『조선일보』가 학살 진상을 보도하지 못하도록 통제했다. 또한 민심의 동요를 우려하여, 일제 경찰은 경계와 단속을 강화해 갔다. 9월 7일 유언비어 단속을 공포했다. 이로써 9월과 10월 두 달 동안 불온한 언동으로 단속된 사람이 1,317명, 법규 위반으로 검거된 자는 122명이나 되었다.

이처럼 한국과 일본에서 학살에 대한 동요나 문책론이 등장하자 일본은 무마책의 일환으로 '조선인을 함부로 폭행하지 말라'는 담화문을 발표했다. 조선인 수용소를 설치하는 등 생존자 구조에 나섰다.

한편 일본 정부는 학살 진상을 모호하게 은폐했다. 유언비어 발설과 학살에 대한 책임을 지기는커녕, 진상을 조사하려는 자유법조단 등의 단체 활동을 오히려 방해했다

조선 총독 사이토 마고토齋藤實는 일본의 각 신문에 당시 관동지방에서 살고 있던 조선인은 노동자 3,000명, 학생 3,000명, 합계 6천 명이

었고, 이 중 조사 결과 살해당한 자는 2명뿐이라고 왜곡·축소 발표했다. 사실의 은폐는 일본 정부의 발표에서도 마찬가지였다. 일본 정부는 1923년 11월 15일 현재 피살자 233명, 중상 15명, 경상 27명으로 발표했다. 무엇을 근거로 한 통계인지 실로 의심스럽다. 당시 조선인 학살사건의 진상조사를 일본 정부에 강력히 요구한 요시노 사쿠조는 2,613명이라고 그 수치를 밝히고 있다.

대한민국 임시정부에서 『독립신문』 사장을 맡고 있던 김승학의 조사는 달랐다. 학살된 조선인은 관동 전체에서 6,661명이었다. 최근 일본의 학계에서도 6천 명은 넘을 것이라고 보고 있으며, 당시 관동지방 인구통계에 기초해서, 조선인이 1만 명 이상 죽었을 것으로 보기도 한다.

1923년 관동대지진이 일어나 조선인 학살이 자행될 때 일본 국내는 대중운동의 고양기였다. 전술했듯이 쌀소동 이후 일본의 대중운동은 성장하여, 1922년 7월 일본공산당이 결성되었다. 일본공산당은 사회운동의 전위임을 자임하고, 러시아 간섭 반대 대중운동을 조직하고, 3대 악법 반대투쟁을 주도했다. 특히 일본 내 활동가들은 조선민중과 불충분하나마 공동전선을 구축하여 조·일 연대 투쟁을 주장했다. 그러나 문제는 관동대지진이 발생하자 달라졌다는 사실이다.

지금까지 조·일 노동자의 계급적 연대를 내걸던 사회주의, 노동운동 세력은 자신들의 생명유지에 국제적 연대를 내버린 것이다. 9월 3일 난카츠노동회南葛勞動會의 가와이 요시토라川合義虎 등이 검거되었고, 다음날 학살되었다. 본격적인 일본 사회주의자에 대한 탄압은 3일 밤과 4일 이후였다. 이 때 일본의 대표적인 아나키스트였던 오스키 사카에가 부인,

조카와 함께 헌병대위에 의해 살해되었다.

관동대지진이 일어난 1일부터 사회주의자들은 자경단의 일원으로 활동했다. 이들은 일본정부의 취지에 동의하지 않으면서도 자신들의 생명을 위해 조선인의 학살을 방관했던 것이다.

관동대지진이 지나간 뒤 일본의 사회운동세력은 조·일 연대를 피력하면서도 본질적으로는 계급적인 문제보다는 민족적인 문제에 관심을 갖게 되었다. 일본노동총동맹은 1924년 1월 일본 노동운동가를 살해한 것에 대해 규탄 성명을 발표했지만, 조선인 학살에 대해서는 무관심으로 일관했다. 그들은 관동대지진 직전까지 "조선인 노동자는 우리들의 동료이고, 우리들의 형제이며, 우리들의 전우다"라고 했다. 그리고 국제주의에 입각해 노동자계급의 연대를 주장했다. 그러나 실천에 직면에서는 달랐던 것이다.

물론 관동대지진이 일어나 조선인이 학살되는 가운데 조선인 단체와 조직은 적극적으로 활동하지 못했다. 조선인들은 자신의 목숨을 부지하기에 급급했다. 이와 함께 조선인 가운데 선진적인 활동가가 투옥되거나 감금상태였다. 때문에 학살사건에 대한 전술도 없었고, 규탄 활동을 할 조직도 갖추지 못했다.

1923년 학살을 슬기롭게 극복한 조선인은 지진 후 계속된 대규모 화재에도 불구하고 소실을 면한 조선인단체였던 천도교청년회의 사무실에 모였다. 자연스럽게 회합에 참석한 함위건·최승만·박사직·왕시진·김은송·김낙영 등은 각종 문제에 대해 논의했다. 이들은 10월에 이르러서야 도쿄지방이재조선인구제회를 결성하고, 조사 활동을 시작했다.

한편 관동대지진으로 조선인이 대거 죽은 학살 사건이 있었음에도 불구하고, 반민족적인 일군의 사람들이 있었다. 상애회의 박춘금朴春琴이다. 그는 학살의 주범 경시총감 아카이케 아츠시를 방문해 자신들이 학살이 자행된 도쿄 시내 청소를 도맡겠다고 자청하였다. 적극적으로 일본 정부를 향해 다가갔던 것이다. 박춘금 등의 상애회 일파는 경시총감이 신변을 보호해 줄 수 없다고 했음에도, 향후의 정치적 입지를 위해 조선인의 학살을 적극 이용했다.

특별한 경우도 있었다. 후세 다츠지는 조선인 학살사건의 조사, 고발에 선두에 섰다. 후세 다츠지는 자유법조안의 선두에 섰다. 1923년 10월 결성한 도쿄지방이재조선인후원회에 구문으로 참가하고, 12월 개최된 피살동포추도회에서 추도 강연을 조직했다. 그는 조선인 학살에 대한 당국의 태도를 비판하면서 다음과 같이 말했다.

"생각하면 생각할수록 무서운 인생의 비극입니다. 너무나도 가혹한 비극이었습니다. 특히 조선에서 온 동포의 최후를 생각할 때 저는 애도할 말도 찾지 못했습니다. 또 어떠한 말로 추도한다고 해도 조선 동포 6천 명의 영혼은 성불하지 못할 것입니다. 슬프하는 1천만의 추도의 말을 늘어놔도 그들의 원통함이 가득 찬 최후를 주도할 수 없을 것입니다. …… 학살은 계급투쟁의 일부였습니다. 우리의 동지가 살해당한 것도, 6천 명의 동포가 그와 같은 처지에 직면한 것도 우리가 계급투쟁에서 패했기 때문입니다. 우리는 졌습니다. 원통하기 그지없습니다. 왜 우리가 졌는지 생각해 주십시오."

이렇게 후세 다츠지는 조선인 학살사건을 인간이 저지른 인재, 대학살이라고 생각했다. 그는 조선인 학살에 대해 조선일보사와 동아일보사에 '지진 직후의 조선인 학살 문제에 대한 정직한 나의 소신과 소감을 조선 동포에게 전한다'면서 진심으로 사죄를 표명하는 사죄문을 보냈다.

한편 일본 군부와 경찰은 1923년 9월 3일부터 불령선인들을 수색하고 선량한 조선인들을 보호한다는 명분으로 조선인을 검속했다.

1923년 9월 2일 오후 5시 박열은 지진의 상황이 궁금했다. 그래서 밖으로 나갔다. 그리고 요츠야四谷의 후세 다츠지 변호사 사무실에 가서 잡지 광고를 청탁했다. 아울러 지인들을 만나 지원금으로 20엔을 받아 집으로 돌아갔다. 박열은 돌아오는 길 집 앞에서 경찰에 검거 당했다. 이튿날 9월 3일 가네코 후미코도 검거되어 세타가야世田谷경찰서에 보호검속 당하게 되었다.

박열과 가네코 후미코가 연행된 것을 비롯해 10월 정태성·장상중·최규종·홍진유 등 불령사 회원들이 일제히 검속되는 등 모두 6,200여 명의 조선인이 검속되었다. 박열을 연행한 일본 경찰은 집주인에게 영원히 돌아오지 않을지도 모르니 다른 사람에게 집을 빌려주는 게 좋겠다고 말했다. 이것은 경찰의 의도를 알 수 있는 부분이다. 일본 정부는 10월 16일에야 조선인학살 사건에 대한 신문 기사를 해금시켰다. 한편 10월 20일 느닷없이 불령사의 16명을 비밀결사 조직 혐의로 검사국에 기소했다. 이들은 10월 20일 도쿄지방재판소 검사국에 의해 치안경찰법 위반 용의로 기소, 이치가야市ヶ谷형무소에 수감 당했다.

『오사카아사히신문大阪朝日新聞』은 "지진 중의 혼란을 틈타 동경에서 대관 암살을 기도한 불령선인의 비밀결사 대검거"라는 제목의 기사를 실었다. 그 한 가운데 박열이 있다.

　가을에 있을 황태자 전하의 혼례식 때에 고관대작들이 모이는 것을 기회로 폭탄을 투척하여 암살한다는 대음모를 기도하고, 동지와 함께 준비에 분주하던 일당이 대지진이 발발하자 급히 예정을 바꾸어 도쿄에 사는 소수의 동지들과 약속하고, 제국의 도시 도쿄가 혼란에 빠진 틈을 타 대사를 결행하기로 한 사실이 발각되었던 것이다.

　이것으로 조선인학살이 정당화될 수 없었다. 본질은 절대 흐려지지 않는다고 박열은 항상 생각했다.

　이후 일본 경찰은 불령사를 무정부주의 경향의 사회운동 단체, 폭력에 의한 직접 행동을 목적으로 하는 비밀결사 단체라고 주장했다. 불령사는 간판까지 내건 공개 조직이었으나 경찰은 전형적인 희생양 만들기에 나섰다.

　이렇게 일제는 관동대지진으로 인한 막대한 재해와 극심한 혼란을 정략적으로 이용했다. 그리고 민심 수습과 정국 타개의 실마리를 조선인학살과 사회운동가들의 탄압에서 찾고자 부심했다.

불령사, 항일운동의 새로운 모색

박열은 관동대지진으로 본인이 원하지 않은 수형생활을 하게 되었다. 그 이전인 1923년 1월 12일 사실 김한이 김상옥사건 관계 혐의로 체포되어 그의 폭탄 입수계획은 좌절되고 말았다. 이후 박열은 1923년 4월 중순경 흑우회와 별도로 가네코 후미코·육홍균陸洪均·최규종崔圭淙 등의 조선인과 일본인 등으로 도요타마군豊多摩郡 요요하타쵸代々幡町 요요기도 미카야代々木富ヶ谷 1474번지 2층 셋집에서 비밀결사로 불령사不逞社를 조직했다.

정태성은 나중에 불령사에서는 아나키즘 연구뿐만 아니라 직접 행동도 논의되었지만 직접행동은 회원들의 자유의지에 맡기기로 했다고 말하고 있다. 역시 직접 행동에 나서기로 한 것은 박열이었다. 불령사는 비밀결사라기보다는 아나키즘을 대중에게 선전하고 항일운동을 매도하는 인사를 징계하는 등 대중적이면서 직접행동을 하는 단체였다.

홍진유의 증언으로 불령사 결성의 취지를 확인할 수도 있다. 박열은 흑우회로는 비밀운동을 할 수 없다고 판단하고 문호를 개방하여 연구하는 단체로 불령사를 만들었다. 또한 그는 "사회운동은 누가 뭐래도 민중적으로 실행되지 않으면 안 된다. 대중적으로 되지 않으면 안 된다. 그렇게 하기 위해서는 곳곳에 지사를 두어 실천에 옮기지 않으면 안 된다."라고 말했다. 가네코 후미코도 "흑우회 회원은 비교적 세련된 아나키즘 사상을 가진 사람들이기 때문에 아나키즘과 거리가 먼 사람들을 규합해 이 주의를 선전해야 하지 않겠는가."라고 말했다.

불령사에 가입하려면 2명 이상의 추천을 받아야 했다. 탈퇴할 때는 전체 회원 앞에서 자신의 의사를 피력해야 하는 시스템이었다. 회비는 필요할 때 모아서 사용했다. 이러한 취지와 운영 방침에 따라 불령사 회원들은 5월 27일 첫 모임에 이어 8월 11일까지 매월 1회씩 네 차례에 걸쳐 정기 모임을 가졌다. 주로 활동은 조선에서 발생한 수평운동이나 철도 파업에 후원 전보를 보내는 일, 민중미술가 모치즈키 가쓰라나와 예술가 가토 가즈오 등 일본 아나키스트들을 초청해 강연을 듣는 일 등이었다. 일부 회원들은 사회주의자를 매도하는 글을 신문에 게재한 동아일보 김형원金炯元 기자를 폭행한 적도 있고, '사기공산당사건'으로 혁명 자금을 유용했다고 비판을 받은 장덕수張德秀를 간다 시내 음식점에서 구타하여 경찰서에 연행되기도 하였다.

박열은 '불령사'라는 나무 간판을 집 밖에 내걸었다. 당시 박열의 숙소 2층 방에는 붉은 잉크로 커다란 하트 무늬가 그려져 있었다. 그리고 그 안에 검은색으로 '반역'이라는 문구를 써 넣었다. 위·아래층 할 것 없이 벽에는 혁명가와 노동가 등을 써 붙였는데 표어로는 '타도 일본', '제국주의 타도' 등을 내걸었다. 이러한 나무 간판과 표어의 대부분은 박열의 부탁으로 최영환이 쓴 것이며, 그림은 만화가 오가와 다케시가 그린 것이다. 여기에 씌어진 반역이라 글자는 도로에서도 쉽게 볼 수 있어 지나는 주위 사람들이 이상하게 생각하였다. 이 때문에 때때로 일본도를 휘두르며 위협하는 일본 국수주의자들이 집에 나타났으나, 박열과 가네코 후미코는 자못 대담해 그들 앞에 조금도 굽힐 줄 몰랐다.

한편으로 조직을 주도한 박열은 1922년 8월 니가다현 조선인노동자 학살사건 이후에는 직접적인 의열투쟁을 위해 노력했다. 그리고 1923년 가을 황태자의 결혼식이 있다는 소식을 접하고 다시 거사 계획을 세웠다. 앞서 기술했듯이 서울에서 온 김중한에게 폭탄 구입 여부를 타진했다. 그런데 박열은 이 거사 계획을 보류했다. 그리고 비밀 유지에 문제가 발생할 것으로 생각한 박열은 이 일을 도중에 중단시켰던 것이다. 이 일로 인해 흑우회는 내부에 갈등이 심화되었고 8월 11일 해체되었다. 그러나 실제로 폭탄은 최영환이 상하이에서 도쿄로 운반했다고 한다.

박열은 분명 혁명가이다. 그리고 아나키스트였다. 그가 어떻게 이런 사상을 갖게 되었는지를 아는 것은 박열을 이해하는데 절대적이다. 신문조서는 그의 사상의 편린을 확인하게 하는 대목이 보인다.

그가 반일적 생각을 갖게 된 동기는 무엇일까. 박열은 스스로 어린 시절을 통해 얘기한다. 특히 근본적으로 조선에 대한 전통적인 계급제도가 모순을 갖고 있었고, 여기에서 출발하여 절대복종적 사회관계에 어린이였지만 회의를 품었다는 것이다. 실제로 그의 항일적 생각을 갖게 하는 데는 학교생활에서의 민족적 차별과 학교 밖 사회 모습의 모순적 상황이 결정적 계기가 되었다고 한다.

"피고가 허무적 사상을 갖게 된 경위는?"

"…… 내가 그런 사상을 갖게 된 경위는 연혁적으로 말하자면 우선 첫 번째는 학교에 가기 전 내가 8, 9세 때의 일이었다. 조선은 전통적으로 계급제도를 중시하고, 약자는 강자에 대해 절대복종 관계의 고전주의였다. …… 또 조선에 있어서 조선 고유의 문자가 있는데도 불구하고, 한문을 진서라 부르고 존중하며, 새 것을 배척하고 낡은 것을 존중하는 고전적인 이들의 절대 복종적, 고전적인 것에 관해 나는 어린애이지만 회의를 품고 있었다. 두 번째로, 내 사상에 영향을 미친 것은 학교에 다니게 된 후의 환경이다. …… 학교에서의 생활은 그토록 평등을 표방했지만 사실상 불평등했기 때문에 거듭 학교생활과 가정생활은 모순, 충돌하고 있었다. …… 그처럼 일본 학교의 교육, 일본인의 생활, 일본 관헌의 통치방법은 평등을 표방하고 있으면서 조선인에 대해 민족적 차별대우를 하고 있으므로 나는 12, 3세부터 14, 5세에 이르는 사이부터 민족적 독립사상을 우선 갖게 된 것이다. …… 헌병대는 그 고리대금업자를 옹호하여 저당물을 몰수당한 조선인을 꾸짖거나 때리거나 했다. …… 또 조선인의 입장에서는 지사인 의병을 일본정부는 폭도라 부르고 학살했다. 이런 일들이 일본민족, 일본정부에 대한 반역적 기분을 갖게 된 두 번째 동기였다."

본격적으로 그가 혁명가가 된 계기는 다른데 있었다. 박열은 경성고등보통학교 시절 일본에 대한 반일적 분위기 속에서 공부를 했다. 그 가운데 사회 실상에 대한 여러 사회 운동가들에 대해 공부하게 되었다. 여기에 결정적 계기가 3·1만세운동의 경험이었다. 특히 일본 경찰이 무자비하게 조선인을 학대하는 것을 보고 전면적인 항일투사의 길을 결심하게 된다. 이것의 선택지가 일본이었다. 이때부터 그는 같은 인종 사이의 절대 평등이 그 무엇 보다 중요하다고 생각했다.

"피고가 세 번째로 사상상의 영향을 받은 동기는 무엇인가?"

"내가 사상상의 영향을 받은 것은 고등보통학교 시대였다. 전에 말한 대로 당시 나는 점차 일본 민족, 일본 정부에 대한 반역적 기분이 높아가고 있었는데, 한편으로는 나는 학문을 좋아하여 연구, 향학열에 불타고 있었다."

"지난번 말했던 것의 다음은 무엇인가?"

"고등보통학교 시절에 내가 사회로부터 받은 자극을 말해보고자 한다. 지난번 말한 대로 나는 심리학 교사에게 그의 사상에 관한 이야기를 듣고 흥미를 갖게 되어, 기노시타 나오에木下尙江, 나츠메 소세키夏目漱石,

오가와 미메이小川未明, 구로이와 루이코黑岩淚香 등의 저서를 읽고 사상적으로 얻는 것이 많았는데, …… 나는 학창시절부터 그런 사회실상을 보고, 일본민족에 대한 증오의 염, 조선민족 독립의 염을 갖지 않을 수 없었다. …… 나는 3월 1일 소요사건에서 혀를 자르고 전기를 통하게 하며 부인의 음모를 뽑고, 자궁에 증기를 통하게 하거나 또는 음경에 지념을 쑤셔넣거나 하는 고문을 했다는 이야기를 듣고, 이렇게 단속이 엄중하고 잔학한 조선에서는 영속적으로 독립운동을 할 수 없다. 조선에서 독립운동을 하다가 한 번 잡히는 날이면 그걸로 마지막이며 다시는 운동을 할 수 없다고 생각하여 이윽고 조선을 떠나기로 결심했다. 그 무렵 나는 인간은 인종과 인종 사이는 물론이요, 같은 인종의 인간과 인간 사이에도 절대 자유 평등하지 않으면 안 된다는 생각을 하고 있었다. 나는 그 즈음 광의의 사회주의 사상을 갖고 있었던 것이다."

박열은 일본행을 통해 항일운동의 새로운 모색을 했다. 그러나 일본 사회의 현실에 회의하게 된다. 그가 본 일본 사회는 조선인을 차별하고 있었고 그것은 정책적으로 교묘하게 진행되고 있었다. 당시 당하고 있는 조선인을 그는 비판적으로 보았다. 자신은 반역적 복수심을 갖게 되었던 것이다. 그러나 본질적으로는 일제의 멸망을 희구한다고 했다.

"그래서 나는 반일본 민족주의와 범사회주의 사상을 갖고 다이쇼大正 8년 10월경 일본에 왔던 것이다. …… 일본에 와서부터 나는 일본사회가 조선사회보다 생활정도, 교육 정도가 진보되어 있음을 느꼈지만, 우리들에 대한 일본경찰의 단속방법은 조선에서 보다는 소위 문명적이었지만, 직접적인 폭력을 쓰지만 않았을 뿐으로 간접적으로는 음험하고 교묘한 스파이 정책을 써서 우리들의 직업과 주거를 빼앗은 사례가 많이 있으며, 이에 따라 반감이 더 커지고 있었는데 …… 나는 자작하여 복수도 하지 못하고 공손, 온순하게 일본정부의 학정을 인내하고 있는 조선 민족에 대해 저주스러운 감정이 생겼다. 그러므로 나는 조선민족의 한 사람으로서 약자인 조선을 학대하는 강자인 일본의 권력자 계급에 대한 반역적 복수심을 아무래도 떨쳐버릴 수 없었다. …… 가능하다면 일본의 권력자 계급뿐만 아니라 우주만물까지도 멸망시키고자 생각했던 것이다."

이렇게 제3회 신문조서(1924년 1월 30일), 제4회 신문조서(1924년 2월 2일), 제5회 신문조서(1924년 2월 3일)에는 박열의 사상편력을 확인하게 하는 문장이 확인된다. 실제로 그의 항일운동은 대역사건, 또는 '박열사건'이라고 한다. 그리고 첫 출발을 폭탄 구입 문제에서 시작하고 있다.

박열사건의 왜곡

1923년 9월 1일 낮 12시 경 돌연 도쿄에 대지진이 발생해 아비규환의 생지옥으로 변했다. 이런 와중에 일본내각과 군부는 1918년 쌀폭동 같은 당시의 민란 움직임을 사전에 막기 위해 도쿄 시내와 인근 5개 군에 계엄령을 선포하고 군대를 출동시켰다.

결론적으로 완전무장한 상태의 군대와 경찰은 이 기회를 사회주의자와 조선인들에 대한 대대적인 학살로 악용했다. 일본 정부의 고의적인 유언비어 살포로 인해 자경단과 민중들조차 이 광란의 대학살에 참여했던 것이다.

박열과 가네코 후미코, 그리고 불령사 회원들 역시 9월 3일경 보호검속이란 명목으로 검속되었다. 당시 세타가야世田谷경찰서에는 120명의 조선인이 함께 수감되었다.

일본 경찰은 이어 '일정한 거주 또는 생업 없이 배회하는 자'를 명분으로 한 달간의 구류에 처하더니, 곧 불령사 구성원을 '비밀결사의 금지' 위반혐의로 구속 기소시켜 버렸다. 이러한 조치는 박열과 불령사를 오랫동안 감시해 온 경찰의 사전계획에 의해 취해진 계획된 조치였다.

경찰의 취조 도중 박열의 폭탄 구입계획 사실이 알려졌다. 이때부터 일본정부와 검찰은 불령사를 폭동과 천황암살을 꾀한 조직사건으로 비화시키기 시작했다. 검찰은 이듬해 1월 27일 박열 부부의 폭발물 유입계획과 불령사 조직을 연결시켰다. 그리고 '대진재大震災를 틈탄 조선인 비밀결사의 폭동계획'으로 보도했던 것이다.

조선인학살에 대한 각계 여론과 조선인들의 들끓는 비난을 모면하려는 일본 정부의 계략이 작용했다. 그러나 이러한 시도는 검찰이 박열과 가네코 후미코, 김중한 세 사람 이외의 나머지 불령사 회원들을 증거불충분으로 석방함으로써 스스로 실패였음을 인정해야 했다.

박열과 가네코 후미코에게는 황세자 결혼식 때 천황 등을 암살하려 했다는 혐의를 씌워 형벌이 사형 하나 뿐인 대역죄大逆罪를 적용했다. 일제 검찰은 1924년 2월 14일 박열과 가네코 후미코, 김중한에 대해 '천황폐하와 황태자 전하에게 위해를 가하려 한 대역 예비죄'라고 예심을 종결지었다.

박열은 「한 불령선인으로부터 일본의 권력자 계급에게 전한다」에서 1924년 2월과 12월 두 차례에 걸쳐 도쿄의 감옥에서 자신의 생각을 정리했다.

너희들 잔학한 일본의 권력자 계급이여! 타국, 타인종 또는 타민족 폭도에 관해서는 아름다운 정의·인도의 이름하에 거의 광적으로까지 흥분해서 소란을 피우며 나대는 주제에 자기들의 그것에 대해서는 바람이 지나가는가 정도로 받아들이고 흘려보내는 가장 파렴치한 너희들 일본 권력자 계급이여! ……
잊지 않고 있다. 너희들의 소위 합리적 일한 합병의 시기에 조선민중은 그에 대하여 얼마나 필사적으로 반항하고 싸웠는가를 ……
그럼에도 불구하고 너희들 끈질긴 제국주의적 야심은 그 교활이 극한 책략으로써 세계를 기만하고 난폭한 무력에 따라 결국 강압적으로 일한 합병을 단행하지 않았는가. 그 당시 그것에 반대하기 위하여 조선 각지에서 봉기하는 조선의병에게 너희들은 그것을 폭도라고 부르고 잔인하게도 그들을 학살하지 않았는가. 너희들의 소위 합리적이란 이런 것을 말하는가. 또 너희들의 소위 정의·인도란 이런 것을 의미하는 것인가. ……
또 일보 후퇴해 가령 그것이 진실로 합의적인 합병이었다고 해도 그후에 그것은 완전한 과오였다는 것을 극히 명료하고 강하게 자각해온 경우에 있어서도, 역시 그 분리 독립은 절대적으로 이루어져서는 안된다고 하는 이유는 추호도 없다. 하물며 그것이 처음부터 일종의 강제적인 것에 있어서는 더욱 그렇다.

일단 박열을 폭탄 구입에 관해 논의한 것을 대역죄로 모는 것은 무리였다.

불령사 회원들은 예심 종결과 함께 1924년 6월 방면되었고, 나중에 이 가운데 홍진유와 서상경은 귀국해서 흑기연맹을 만들었다.

옥중에서도 저항한 투사 박열 04

예심판사와의 법정투쟁

 박열은 검찰에 기소된 이후, 1923년 10월 24일부터 1925년 6월 6일까지 총 21회에 걸친 신문조사를 받았다. 조사과정에서 그는 일본천황을 폭살하기 위해 폭탄을 구입하려 했다고 당당히 밝혔다. 이 과정에서 항일과 반천황제 투쟁을 전개해 가기 시작했다.

 도쿄지방재판소 예심법원에서 2년여에 걸친 다테마츠 가이세이立松懷淸 예심판사와의 끈질긴 법정투쟁에서 박열은 자신의 신념을 굽히지 않았다. 그리고 대범하게 일본천황, 황태자에 대한 폭살의도를 밝혔던 것이다. 법정투쟁은 일본제국주의에 대항하여 직접적이고 폭발적인 강렬한 불굴의 투쟁이었다. 그는 항상 조국의 현실을 직시하며 일제의 권력중심부인 천황과 대치하여 사실에 입각한 논리 정연한 이론을 펼친다.

 박열은 1924년 2월 도쿄 감옥 한 독방에서 다테마츠 가이세이 예심판사에게 보낸 『나의 선언』에서 그를 전면적으로 비판하고 있다.

멸하라! 모든 것을 멸하라!

불을 붙여라! 폭탄을 날려라!

독을 퍼뜨려라! 기요틴을 설치하라! 정부에, 의회에, 감옥에, 공장에, 인간시장에, 사원에, 교회에, 학교에, 마을에, 거리에 ……

모든 것을 멸할 것이다. 붉은 피로써 가장 추악하고 어리석은 인류에 의해 더럽혀진 세계를 깨끗이 씻을 것이다.

그리고 나 자신도 죽어갈 것이다. 거기에 참된 자유가 있고, 평등이 있고, 평화가 있다. 참으로 선량하고 아름다운 허무의 세계가 있는 것이다.

박열은 시종일관했다. 관동대지진으로 인해 조선인 보호검속이라는 명목으로 검속당한 이래 일본제국주의를 향한 조선 민족의 철저한 항일사상에 굽힘이 없었다. 자신의 신념을 굽힐 줄 모르는 투지로 당시 일본의 사법당국자들을 곤혹스럽게 만들었다. 자신에게 '대역'이라는 엄청난 불경죄로 몰고 가기까지의 일본 사법부와의 법정투쟁은 한편의 드라마라고 할 수 있다.

다테마츠 가이세이 판사와의 신문에서 박열은 이때 성장 과정, 학창시설, 현실관, 사상의 변화 등에 대해 비교적 소상히 진술했다.

제1회 신문은 1923년 10월 24일 도쿄 지방재판소에서 있었다.

"이름, 나이, 족칭, 직업은 무엇인가?"

"이름은 박준식, 나이는 25세, 족칭은 상민(평민), 직업은 잡지 발행인."

"주소는?"

"도쿄부 도요타마군 요요하타쵸 요요키도미야東京府 豊多摩郡 代代幡町 代代木富谷 147번지."

"본적은?"

"조선 경상북도 문경군 마성면 오천리 98번지."

"출생지는?"

"위와 같다."

"훈장, 종군기장, 연금. 공무원 연금을 받았거나 또는 공직에 있었던 일은?"

"없었다."

"형벌에 처해졌던 일은?"

"없다."

"피고는 본국의 말에 능통한가?"

"일본어는 잘 한다."

"피고는 가네코 후미코와 동거하고 있는가?"

"그렇다. 작년 5월 중 나는 가네코 후미코와 부부가 되었다."

"호적에 들어 있는가?"

"호적에 들어 있지 않다."

"피고는 불령사를 조직하고 있는가?"

"조직하고 있다."

"언제 불령사를 조직했는가?"

"언제인지 잊었다. 나는 이제 아무 것도 말하지 않기로 결심했다. 나는 충분히 이제까지 경시청의 관리나 검사에게 뭐든 다 말했다. 내가 반역적 사상을 가지고 있는 것이나 불령사를 조직한 일, 김중한에게 폭탄 입수를 의뢰한 것을 다 말했다. 경시청 관리는 그것을 두세 달 이전부터도 알고 있었다. 그런데도 그들은 영업적 심리로 그 후 9월 3일 부랑죄라는 명의로 나를 체포하고 50일이나 구류하면서 아무런 적법한 조치도 취해주지 않았다. 나는 그것이 불만이다. 나는 조선에 태어나 이렇게 체포당해 있는 것만으로도 불행한 사람이다. 나는 이제까지 받아온 조치에 대해서 판사를 신용할 수 없다. 이제부터 앞으로는 아무 것도 대답하지 않겠으니 좋을 대로 추측하라."

박열은 1924년 2월 4일 이치가야市ヶ谷형무소에서 있은 신문에서는 천황 및 천황제에 대한 반대의 입장을 명확히 견지하고 있었다. 그는 조선 민중의 입장을 대변하고, 그 연결선에서 일본의 천황과 그 황실에 대해 자신의 확고한 반대의 신념과 의지를 표현했다.

나는 일본에게 억압을 당하고 있는 조선민족의 한 사람으로서 일본의 천황, 황태자, 황실에 대해 참을 수 없는 증오와 반역의 마음을 처음부터 가지고 있었다. 존경심은 추호도 가지고 있지 않았다. 일본의 천황과 황태자는 하나의 우상偶像에 지나지 않다. 가련한 제분기製糞機이자 희생자에 불과하다. …… 특히 조선의 일반 민중들은 천황과 황태자가 일본의 명실상부한 실권자이며, 한 하늘 밑에서는 도저히 같이 살 수 없는 원수로 생각하고 있으므로, 그러한 존재를 지구로부터 추방해 버리는 것은 조선의 민중들을 감격시키는 일이 될 것이며, 보다 전투적인 기분을 가지게 할 것이라는 점을 감안한다면, 이는 실로 가장 의미 있는 방법 중의 하나라

할 수 있을 것이다.

또한 박열은 1923년 가을에 있을 예정인 황태자 결혼식에 폭탄을 사용할 목적과 이유에 대해서 다음과 같이 진술했다.

첫째, 일본 국민에게 있어서 일본의 황실이 얼마나 일본 국민에게 고혈을 갈취하는 권력자의 간판격이고, 또 일본 국민들이 미신처럼 믿고 신성시하는 것, 신격화하는 것의 정체가 사악한 귀신과 같은 존재임을 알리고, 일본 황실의 진상을 밝혀서 그 신성함을 땅에 떨어뜨리기 위함이었다.
둘째, 조선 민족에게 있어서 일반적으로 일본 황실은 모든 것의 실권자이며 민족의 증오의 대상이기 때문에 이 황실을 무너뜨려서 조선 민족에게 혁명적이고 독립적인 열정을 자극하기 위해서였다.
셋째, 침체되어 있는 일본의 사회운동가들에게 혁명적인 기운을 불어 넣기 위해서였다. 일본 천황은 병이 들었지만 황태자와 함께 황실의 표면적이고 대표적인 존재이다. 특히 내가 황태자의 결혼식에 폭탄을 사용할 계획을 가지고 있었던 것은 조선 민족의 일본에 대한 의지를 세계에 표명하기에 최적의 시기라고 생각했기 때문이다.

여기에서 박열은 일본 사법부의 갖은 협박과 회유에도 불구하고 끝까지 대항하며 싸운다. 그리고 식민지 조선 청년의 철저한 독립의지와 확고한 항일투쟁 의식을 잃지 않았다.
1925년 2월 15일 박열과 가네코 후미코·김중한 등 3인은 폭발물취

체규칙위반 용의로 기소되었다. 그리고 7월 17일 박열과 가네코 후미코는 일본 사법사상 네 번째의 대역죄 혐의로 추가 기소되었다. 실제로 제16회 신문조서는 박열에게 자세하게 법률 적용과 관련한 내용을 설명하고 있다.

폭발문단속 벌칙 제1조에는 '치안을 방해하고 사람의 신체, 재산을 해하고자 하는 목적으로 폭발물을 사용한 자 및 남에게 그것을 사용하게 한 자는 사형 또는 무기 혹은 10년 이하의 징역 또는 금고에 처한다.'라고 규정하고 또한 그 제2조에는 '앞 조항의 목적으로 폭발물을 사용하고자 할 때 발각된 자는 무기 혹은 5년 이상의 징역 또는 금고에 처한다'라고 규정되어 있는데, 그러나 형법 제73조는 '천황, 태황, 태후, 황태후, 황후, 황태자 또는 황태손에 대하여 위해를 가하거나 또는 가하고자 했던 자는 사형에 처한다'라고 규정되어 있는 바에 의하여 피고의 이제까지의 진술을 종합하니 피고의 소행은 혹은 이 형법 제73조의 죄에 해당하는 것처럼도 생각되는데 피고의 진술은 사실 그것과 상이는 없는가?

박열과 가네코 후미코의 재판은 예정된 길을 가고 있었다. 이것을 알고 있던 박열은 가네코 후미코와 김중한에게도 알려주기를 바랬다.

1925년 6월 6일자 제21회 신문조서는 박열의 생각이 잘 정리되어 있다. 담담함과 함께 혁명가 박열의 모습이 잘 그려져 있다.

"누마沼 판사의 조사에 관해 진술한 것은 틀림없는가?"

"나는 거짓은 말하지 않는다고 했으므로 거짓이 아니다."

"반복해서 신문하겠지만 피고가 황태자 전하의 결혼식을 기다려서 천황, 황태자 전하에게 위해를 가할 것을 계획하고 있었던 것은 틀림없는가?"

"그렇다. 틀림없다."

"민족 인류의 공동평화를 위해서도 피고의 생각을 반성하지는 않겠는가?"

"서로 사랑한다든지 평화라든지 하는 미명하에, 기실은 약육강식의 보기 흉한 투쟁을 행하고 있다는 것은 이미 내가 진술해 둔 바이다. 삶이 있기 때문에 모든 해악이 행하여지므로 만일 사랑이라는 관념을 허가한다면 인류를 이 지상으로부터 대청소하는 것이 참된 사랑이 아니겠는가. 또 삶을 긍정하고 삶이 해악의 원천이 아니라고 가정했다고 해도 천황, 황태자와 같은 기생충을 살려두는 것은 인류 사회 민족의 참된 평화를 해치는 것이 아니겠는가. 따라서 반성하라는 그 말은 당신들에게 돌려주겠다. 당신들이야말로 반성하는 것이 어떤가."

"그러면 피고에 대한 폭발물 단속 벌칙위범 사건의 심리를 이 정도로 끝내고자 한다. 피고들이 혐의를 받고 있는 원인은 전회에 알린 대로이지만 역시 다짐을 위해 말한다면 이와 같다. 뭔가 변명할 것이 있는가.

"아무 것도 없다."

일본 사법당국은 박열에 대한 예심을 모두 끝냈다. 대심원 특별재판부의 마지막 공판만을 남겨두고 있었던 1925년 12월 이타쿠라 마츠로板倉松太郎는 감정의鑑定醫 스기다 나오키杉田直樹 박사를 이치가야형무소로 보냈다. 그리고 박열의 신체와 정신상태를 감정하려고 여러 번 진찰

받기를 권유했다. 그러나 박열은 하신서下申書라는 제목의 정신감정 거부 이유서를 작성하여 거부 의사를 밝혔다.

죽음을 눈앞에 둔 박열은 대심원의 공판 날을 기다렸다. 일본제국주의와 일대 격전을 벌일 준비에 골몰하고 있었다. 이때 박열은 변호사 후세 다츠지를 통하여 일본 사법당국에 네 가지 조건을 제시하였다.

첫째, 나 박열은 피고로서 법정에 서는 것이 아니다. 재판관은 일본의 천황을 대표하여 법정에 서는 것이므로 나는 조선 민족을 대표하여 법정에 서는 것이다. 따라서 일본의 재판관이 법복을 입고 법정에 나오는 이상 나도 조선의 예복을 입게 할 것.

둘째, 나는 조선 민족을 대표하여 일본이 조선을 강탈한 강도행위를 규탄하기 위해 법정에 서는 것이므로 나의 이러한 취지를 먼저 선언케 할 것.

셋째, 나는 조선말을 쓰겠으니 통역관을 세울 것.

넷째, 일본의 재판관이 일본 천황을 대표하고 나는 조선민족을 대표하는 것이므로 내가 앉을 자리를 재판관의 앉을 자리와 같게 할 것.

박열은 재판정에서 죄인 대우를 하지 말 것, 조선의 한복을 입을 수 있도록 허용할 것, 재판정과 동등한 좌석을 설치할 것 등을 요구하면서 재판부와 대결했다.

후세 다츠지 변호사는 1922년부터 1933년까지 일본 국내는 물론 조선을 오가며 관동대지진 조선인학살사건 조사 활동, 조선인유학생주최 추모회 연설, 도쿄지방 이재조선인 구원회 고문 등 조선인과의 밀접한 관계를 가졌다. 박열사건을 비롯하여 의열단원 김지섭의 폭발물 취체 규칙위반 사건, 조선공산당사건 등 변호를 맡아 조선에서는 의열 변호사로 유명했다.

특히 그는 박열사건의 변호인으로 시종일관 무죄를 주장했다. 사건의 진상을 규명하기 위해 수감 중인 박열을 여러 차례 면회하고 대심원 공판에 임하는 박열의 입장을 대변하면서 그 조건을 사법당국과 절충하는 등 공판 준비와 교섭, 사후 처리에 있어 굳은 일을 도맡아 주는 등 동지애를 유감없이 발휘했다.

그는 마지막 선고 공판을 앞두고 박열과 가네코 후미코의 옥중 결혼 수속을 밟아 주었다. 그리고 가네코 후미코가 옥사하자 불령사 동지들과 함께 유골을 수습했다. 경찰의 감시망을 피해 박열의 형 정식에게 연락하여 박열의 고향에 가네코 후미코의 유골이 안장되도록 노력을 아끼지 않았다. 그 후 20여 년 동안의 동지적 관계를 유지하여 1946년 후세 다쓰시 변호사는 『운명의 승리자 박열朴烈』을 저술했다. 또한 장상중, 정태성과의 공저로 출판했다. 말이 아닌 실천을 통한 국제주의를 몸으로 표현한 진정한 휴머니스트가 바로 후세 다츠지이다.

박열은 2년 반 동안 도쿄의 이치가야형무소에 구금되어 일본 사법부와 지리한 법정투쟁을 벌였다.

1926년 2월 26일 오전 8시 50분 박열은 조선민족을 대표하여 법정에 섰다.

일본 도쿄대심원 대법정에는 조선예복 차림의 한 조선청년이 유유히 법정에 들어섰다. 하얀 비단 바탕에 보라색을 띤 상의와 쥐색 바지를 입었다. 허리에는 두 날개를 활짝 펴고 날아가는 학을 새긴 각대를 둘렀다. 신발과 관 등도 모두 예복에 딸린 것들로 아름답게 장식한 데다 비단 부채를 든 모습이었다. 마치 부하들의 안내를 받는 고관처럼 어깨를 쭉 펴고, 커다란 부채를 설렁설렁 흔들며 천천히 걸어 들어왔다.

이보다 10분전 쯤 엷은 분홍색 셔츠에 하얀 비단저고리와 검은 두루마기를 곱게 입고, 뒤로 늘어드린 머리카락을 두 개의 장식용 빗으로 꽂은 한복차림의 한 여성이 피고인석에 앉아 있었다.

도쿄대심원 특별형사부는 만일에 있을지도 모르는 사태에 대비하였다. 정사복 경찰관 150명과 헌병 30명이 법정 안팎을 물샐틈없이 경비하였다. 방청권을 얻기 위하여 새벽부터 많은 사람들이 몰려들었다. 300명이 넘는 사람들 가운데 150명만 엄선하여 방청허가를 받았다. 대부분 조인인 유학생들이었다. 이들은 대심원 정문에서부터 세 번이나 세밀한 검색을 받고서야 법정 안으로 들어갈 수가 있었다.

도쿄대심원 특별형사부의 재판정은 엄숙하기만 했다. 숨소리 하나 새어나지 못하도록 경찰과 형사들이 방청석을 통제하고 있었다. 개정 시간인 9시가 가까워질수록 법정은 더욱 엄숙해져 갔다. 조바심을 견디지 못하는 경찰 몇 사람이 재판석 아래를 왔다갔다 하고 있었다. 방청석의 사람들은 덩달아서 목을 태우고 있었다. 무심결에 잔기침을 내뱉었다가 스스로 놀라서 주위를 살펴야 할 정도였다.

9시 정각 후세 변호사 외 세 명의 변호사가 법정으로 들어 왔다. 뒤를 이어 마키노 재판장을 비롯한 다섯 명의 재판관과 입회검사 두 명도 함께 입정하였다. 법정에는 조선인 학생들을 비롯한 150명의 방청객들로 꽉 차 있었다.

이처럼 일본 사법사상 네 번째로 열리는 대역사건 공판은 천황부자를 폭살하려 했다는 어머어마한 대역죄로 삼엄한 경계 하에 대법정에서 열렸다. 곧이어 재판장은 개정을 선언하고 인정신문을 하였다.

1926년 2월 26일부터 3월 1일까지 4회에 걸친 도쿄대심원의 최후 공판을 마지막으로 그는 3월 25일 사형선고를 받았다. 4월 5일 무기로 감형된 후 다음날 지바千葉형무소로 이감되어 이곳에서 10년을 넘게 감옥생활을 했다.

당시 『동아일보』는 조선총독부의 보도 통제에도 불구하고 박열사건에 대한 기사를 실었다. 특히 1925년 12월 24일자는 이치가야형무소를 찾아 옥중 면담 사실을 보도하고 있다.

기자는 그들의 안부를 알기 위해 이치가야형무소를 방문했다. 흑색에 흰 동정을 단 두루마기를 입은 박열은 뜨거운 악수로 기자를 맞이하며 말했다.

"이렇게 자주 찾아주시니 감사합니다. 그런데 그까짓 건 별로 생각은 아니합니다만 일본 신문에 나에 관한 기사로 우스운 말이 나돌고 있는 모양인데, 그것은 정이란 사람의 소위란 것이 확실하며 몇 사람에게 기사 취소를 시키라고 부탁도 했습니다. 그리고 내 형이 매우 걱정하는 모양이니 되도록 위로를 해 주시오."

이치가야형무소 안에서 미인이란 평판이 자자한 그의 아내 가네코 후미코는 날씨가 추워지는데 병중에 고생이 어떠냐고 묻는 기자의 말에 생글생글 웃어가며 토실토실 하고 뽀얀 손을 내밀며 말했다.

"이렇게 건강합니다. 그리고 병은 매월 정해놓고 2일간씩 앓는 병이라 염려 없습니다. 이제부터는 조선옷을 입겠습니다."

두 사람은 옥중에서도 호방한 생활을 하고 있다.

또한 1926년 1월 1일 『동아일보』에는 「신년을 앞두고 철창리鐵窓裡의 박열」이라는 제목으로 옥중 박열의 근황을 다음과 같이 보도했다.

묵은 해가 지고 새해가 오는 반도 강산에 새로운 서기瑞氣가 도는 것 같다. 해외에 있는 동포들은 어떠한 기백으로 새로운 계획을 세우는지 그들의 소식은 다 같이 궁금한 바이니와 그 중에도 육체의 자유까지 잃어버리고 남의 손에 잡히어 옥중에서 신음하는 형제의 소식이 더욱 그립다. 그 중에도 방금 도쿄형무소에 남다른 손이 되어 희망 없는 새해를 맞이하는 박열 부부의 최근 소식은 어떠한가. 미결감에서 삼 년이란 긴 세월을 보내고 또 다시 최후의 판결을 받을 새해를 맞이하는 그들은 보는 사람이 놀랄 만큼 건강한 몸으로 지낸다 한다. 최근 그를 면회하고 돌아온 그의 친우의 말을 들으면 박열은 옥중에서도 '설'의 회포가 많은 듯하여 동경 유학생학우회 망년회 일을 물으며 자기의 잘 있다는 소식을 전하여 달라고 하였다 하며 그가 송구영신送舊迎新하는 옥중 심상心想의 글을 지어 자기를 면회하러 간 그 친구에게 읽어준 일도 있었는데 그 글은 다음과 같다.

『동아일보』에서는 이역의 옥창에서 새해를 바라고 친구와 동지들에게 시를 지어 보낸 박열의 일문日文으로 쓴 "송구영신의 옥중시"를 번역하여 게재하였다. 이 시는 동경의 이치가야형무소에서 마지막 공판을 앞둔 박열의 옥중 심정과 모습을 잘 나타내어 주고 있다.

옥창獄窓의 겨울밤은
이슥히 깊었는데
찬 기운은 살을 에이고
언凍 하늘에 주린 듯허리 굽은 그믐달은
철창鐵窓으로 엿볼 제
우당탕
지게문을 흔드는 찬바람아! 저 달이 몸서리를 친다.
달아
반가운 명절은 왔건마는
닥쳐오는 풍한風寒을 어찌하랴.
부富와 귀貴에 추세하는 명절
헐벗고 주린 우리에게
하 그리 반가우랴.
고르지 못한 이 세상
생지옥의 이 세상
아! 원수의 생지옥
달아
풍한風寒에 수족이 얼었으리니

추醜하나마 쉬어가라.
달아 이 밤은
나와 함께 이곳에서
동학東學이나 의논하자꾸나.

이 무렵 박열의 옛 흑우회 불령사 동지들은 1926년 1월 일본인 아니키스트 사상단체 흑색청년연맹이 결성되자 여기에 가입했다. 그 해 7월 가네코 후미코의 옥사사건에 얽힌 괴사진 괴문서 사건이 발생하자 흑우회를 해체하고 같은 해 11월 흑색전선연맹을 조직했다.

그런가 하면 1926년 1월 박열은 공판에 앞서 재판장에게 네 가지의 조건을 요구했다. 여기에서 그는 조선 예복, 즉 한복의 착용을 허락할 것을 요구했다.

실제로 박열과 가네코 후미코의 한복 착용은 흑우회 동지와 재일조선인들의 지원으로 가능했다. 옥바라지와 법정투쟁에 많은 동지들이 아낌없는 물심양면의 지원을 했다. 박열의 친형인 박정식을 도쿄로 초청한 일이나 박열과 가네코 후미코의 한복을 차입한 일은 모두 일월회와 삼월회, 학우회의 구성원들이 적극 후원해서 가능했다. 아울러 모금한 돈을 박열에게 차입하기도 했다.

박열은 당시 조선인 유학생 회장이던 조헌영이 조선시대의 관복과 신랑이 혼례 때 예복으로 입던 사모관대를 들여와 관복차림으로 법정에 출정했던 것이다.

1926년 2월 26일 도쿄대심원 법정에서 공판이 열렸다. 1911년 고토구 슈스이幸德秋水사건, 노국황제저격露國皇帝狙擊사건, 난바 다이스케難波大助사건에 이어 일본 사법사상 네 번째로 열리는 박열의 '대역사건' 공판이 열렸던 것이다.

경찰 150여 명이 동원된 삼엄한 경계 속에 열린 공판은 공판 도중에 수천여 명의 군중이 공판정 주위로 몰렸다. 이들은 대부분이 조선인 학생이었다. 『도쿄아사히신문』 2월 27일자는 당시의 법정 모습을 다음과 같이 전했다.

이날 박은 조선의 정장으로 몸을 단장했는데, 마치 도요토미 히데요시豊臣秀吉가 대명국大明國의 강화 사절을 인견했을 때처럼, 긴 머리채를 한가운데로 가른 머리에는 관을 쓰고 푸른 도로플 입고 손에는 작은 막대기를 쥐고 있었다. 후미코도 하얀 조선옷을 입고 머리는 간단히 쪽을 지었으며, 테 없는 커다란 안경을 쓰고 있었다.

박열은 한복과 사모관대를 쓰고 조선말을 사용했다. 그것도 반말 투의 "나는 박열이다"고 했던 것이다. 그리고 가네코 후미코도 마찬가지였다. 한복과 조선말을 사용해서 알려진 것처럼 "박문자"라고 했다.

당시 재판장인 마키노 기쿠노스케牧野菊之助는 일반인의 방청을 금지한다고 선언했다. 이에 따라 방청객들은 개정된 지 10분 만에 모두 쫓겨나고 특별 방청객 100여 명만이 재판을 지켜보았다. 박열은 검사의 공소에 대한 진술이 있은 후에 「소위 재판에 대한 나의 태도」라는 글을 낭독해 내려갔다. 이 글은 1925년 12월 22일 작성된 것이었다. 여기에서 박열은 조직적 대강도단인 국가권력의 재판을 부정한다면서 오직 자신을 정확히 선언하기 위해 이 자리에 섰다는 것이다.

여기에 재판장이 검사의 공소에 대해 할 말이 있냐고 하자 「나의 선언」을 낭독했다. 이것도 미리 1925년 12월 30일 작성되었던 것이다. 이 글에서 박열은 허무주의적 세계관을 피력하고 약육강식이 자연의 대법칙이라고 단정하면서 이를 극복하기 위해 인류를 절멸시켜야 한다는 입장을 천명했다.

박열은 천황을 왜 테러하려 했는지 그 이유를 밝히고 있다. 그는 「어느 불령선인이 일본 권력자에게 주는 글」을 낭독하여 답을 하고 있다. 이것은 1926년 2월 작성되었는데, 박열은 천황의 신성성을 강요하여 국가 체제가 유지되고 있는 일본에서 그 허구성이 민중에 의해 밝혀지면 천황제가 무너질 것이라는 입장을 밝혔다. 반천황제 투쟁의 의미를 천명했던 것이다.

박열은 소위 대역범인으로서 당시만 해도 절대 신성한 일본 황실에 대한 반역사건으로 형법 제73조에 의하여 극형에 처해지게 되었다. 즉 천황과 그 직계 존속尊屬과 비속卑屬에 대하여 위해危害를 가했거나 가하려 하는 자는 사형에 처하되 재판도 대심원 단심으로 형법에 규정되어 있었다.

1926년 2월 27, 28일 그리고 3월 1일 등 총 네 차례에 걸친 공판이 있었다. 공판은 모두 비공개 속에서 속개되었다. 여기에서 검사는 간단한 논고 이후 박열과 가네코 후미코에게 사형을 구형했다. 당시 박열은 말할 게 없다고 최후 진술을 거부했다. 가네코 후미코도 옥중 수기를 낭독하여 자신의 입장을 밝혔다.

이 자리에서 후세 다츠지 변호사는 조선인학살사건을 모면하기 위해 이 사건이 조작되었다면서 진실 규명을 강력 요구했다.

본건은 1923년 9월 1일 인류 역사상 큰 불행이었던 대진화재의 재해 이상으로 불행을 초래한 조선인대학살사건을 모면하기 위해 조선인을 검거함으로써 비롯된 것이라는 의심을 떨칠 수 없다. 나는 일본을 대표하는 최고 권위의 재판소가 세계를 향하여 자신의 입장을 명확하게 하지 않으면 안 된다는 것을, 그리고 두 사람을 위해서가 아니라 진실로 세계로부터 빗발치는 일본의 오명을 씻기 위해서라도, 이 사건으로 야기된 의문에 대답할 것을 요구한다.

― 가네코 후미코·박열재판기록, 1972.

결국 박열과 가네코 후미코에 대한 사형이 선고되자 박열은 재판장 마키노 기쿠노스케에게 기개를 보였다.

재판장 수고했네. 내 육체야 자네들 마음대로 죽이라. 그러나 정신이야 어찌할 수 있겠는가.

재판장은 박열을 피고라고 하지 않고 "그편"이라고 부르고 박열은 재판관을 "그대"라고 호칭했다. 실로 일본 재판 사상 전무후무한 사건이 벌어진 것이었다.

가네코 후미코는 판결 순간 "만세!"라고 외쳐 재판장을 아수라장으로 만들었다. 가네코 후미코는 "모든 것이 죄악이요, 허위요, 가식이다"라고 덧붙였다. 당시 재판장은 형법 제73조 및 폭발물단속벌칙 제3조 위반을 적용하여 사형을 선고했다.

도쿄경시청은 박열 등 아나키스트 17명을 검거하고 심문한 결과, 의열단으로부터 폭탄 50개를 들여와 테러 활동에 사용할 음모를 꾸민 것이라고 밝혔다.

박열과 가네코 후미코의 재판은 일본 사회에 큰 충격을 주었다.

가네코 후미코는 일본의 국가 사회제도를 제1계급-황족, 제2계급-대신 및 기타 실권자, 제3계급-민중으로 구분하고 황족은 정치의 실권자인 제2계급이 무지한 민중을 기만하기 위해 날조한 가엾은 꼭두각시이자 나무인형이라고 생각한다고 진술했다.

박열도 결혼식에 폭탄 투척에 대한 생각을 갖고 있었다는 사실 자체는 부인하지 않았다. 앞에서 박열이 "다른 방법에 의해서 소기의 목적을 달성하기로 생각했다"고 표현했는데, 1945년 해방 이후인 1975년 무렵 흑우회 구성원이었던 최영환이 쓴 회고록에 의하면, 그는 "재판 과정에서 드러나지는 않았지만 자신이 상해에서 도쿄까지 실제로 폭탄을 운반했다'고 말했다. 그러면서 "도쿄 대지진이 일어나지 않아서 예정대로 결혼식이 거행되었으면 폭탄을 투척했을 것"이라고 증언하기도 했다.

판결 공판 때 사형을 선고하자 박열은 태연했다. 그러면서 "육체야 자네들이 죽일 수 있지만 내 정신이야 어찌하겠는가"라고 하면서 법정을 무력하게 만들었다.

공판장에서 박열은 조선 민족을 대표했다. 사모관대에 한복을 입고 있었다. 가네코 후미코도 한복을 곱게 입은 채로 나란히 공판에 임했던 것이다. 재판장 마키노 기쿠노스케와의 간단한 인정 심문이 있은 이후 곧바로 비공개로 진행되는 가운데 박열은 일제를 탄핵하는 「일본 권력자계급에게 주는 글」이라는 법정 선언문을 낭독했다. 여기에서 그는 제국주의 지배 질서를 전면 부정했던 것이다.

당시 도쿄대심원의 마키노 기쿠노스케 재판장은 박열사건 공판을 담당하면서 박열과 가네코 후미코의 사상과 행동에 대해 인간적으로 동정 어린 모습을 보였다. 이후 그는 대심원大審院 부장과 대심원장大審院長 등을 역임하고 일본대학 법학부장도 지냈다.

한편 재판장의 차별받고 학대받는 사람들의 심경을 위정자들이 헤아려야 한다는 담화에 대해 옹호하는 사설이 『동아일보』 1926년 3월 4일자에 보이기도 했다.

일본인은 박열의 죄를 논하기 전에 일본인 자신의 죄를 논하지 않으면 안 될 것이다. …… 금일 조선에 사는 조선인에게 영향을 미치는 생활환경은 일본인의 죄와 인과관계가 있는 것만이 아니라, 조선인으로서는 차마 입에 담을 수 없는 처참한 비극을 무수히 연출하고 있다. 과연 누구의 죄가 더 큰 것인가 더욱 깊이 논의하고 반성해야 할 것이다.

그리고 1926년 3월 6일자 『동아일보』 사설 「박열의 사상행위와 환경-마키노牧野 재판장의 관찰」에서 그는 다음과 같이 말했다.

내가 이번 사건에 관계하면서 주위 환경이 얼마나 사상행위에 영향을 미치는가를 절실히 느꼈습니다. 박열은 어릴 때부터 그리 호화롭게 자라지 못한 사람으로 그가 여덟 살 때 일한합방이 되었으므로 그의 머리에는 큰 원한이 깊이 뿌리에 박혀서 허무사상을 가지게 된 모양입니다. 박열 부부의 죄를 말하면 일본 사람으로는 말도 할 수 없는 큰 죄이지만 경우를 바꾸어서 생각하면 박열만을 나쁘다고 할 수가 없겠지요. 사람으로서의 박열은 두뇌가 명석한 훌륭한 재자才子이니 사회적으로 유익한 사람이 되었겠지요. 가네코 후미코金子文子 역시 박열과 같은 처지에서 그의 반생이 가없는 학대의 역사로 꾸미어 있는데, 그 역시 천재라 할 만한 재주를 가지고 있습니다. 두 사람은 환경의 공통점으로부터 친근하게 된 모양입니다.

또 3월 17일자 『조선일보』에서는 「박열사건을 보고」라는 제목의 사설이 실렸다.

마키노 재판장의 담화에 의하면 …… 이 담화는 이미 내외 평자가 인용한 바 있거니와, 이로써 박열이 품은 사상은 그와 동일한 환경에 있는 조선인의 장래를 논함에 중요한 암시가 되는 것이다. 그리고 박열의 처인 가네코 후미코가 그 민족의 소속을 달리함에도 불구하고 철두철미 그녀가 애모하는 박열과 운명을 함께 하려는 태도를 보건대, 이것은 곧 피압박 민족인 조선인의 문제인 동시에 다시 민족의 경계선을 떠난 계급적 공명이 얼마나 진지하고 뜨거운 것인지를 간파할 수 있는 것이다.

이렇게 조선의 일간지는 대역범으로 일본법정에 서게 된 박열의 사상과 행동에 대해 주목했다. 그리고 일제 하 민족적 현실의 여러 문제에 대해 성찰하고, 아울러 세계사적 흐름에 대하여 일본제국주의자들의 일대 자각을 촉구한 박열의 기개를 높이 평가했다.

박열의 공판이 사회적 관심과 지원을 받게 되자 일본 정부는 선고 이후 마키노 기쿠노스케 재판장을 강제로 사직시켰다.

마침내 최종 판결은 1926년 3월 25일 열렸다. 엄중한 경계 속에서 100여 명 이상의 방청객이 입정한 가운데 열렸던 것이다. 판결 전 박열과 가네코 후미코는 결혼 신고서를 정식으로 구청에 제출했다. 그리고 당일 수리되었다.

한편 일본 검찰은 사형을 두 사람에게 판결을 선고하고 10일 만에 은사신청을 사법대신에게 했다. 이것은 이례적인 일로 대역죄인을 모두 사형시켰던 사례와는 달랐다. 1926년 4월 5일 박열과 가네코 후미코는 무기징역으로 감형되었다. 조선총독부 기관지인 『매일신보』 1926년 4월 7일자는 감형 사실을 보도하고 있다.

대역범 박열과 그의 처 가네코 후미코의 감형에 대하여 섭정궁 전하께서는 5일 오전 11시 30분 오카츠키 수상을 도쿄 어소로 초치. 감형의 은명이 있었으므로 수상은 즉일 오후 4시 40분 하기 사장을 에노키 법상에게 교부했고, 이와 동시에 에노키 법상은 고야마 검사총장과 이치가야 형수소장에게 통달, 형무소장은 5시 반 독방 내에 있는 양인에게 전달했다.

일본 정부의 기만적인 술책에 대해 박열과 가네코 후미코는 저항했다. 판결 이후 두 사람은 강제로 떨어져야 했다. 박열은 1926년 4월 6일 이치가야형무소에서 동북 방면의 지바형무소로 이감되었다. 그리고 가네코 후미코도 도치기栃木현의 우츠노미야宇都宮형무소 도치기栃木지소로 옮겨 갔다. 이후 두 사람은 옥중에서 편지를 교환하고자 했으나 형무소 측의 금지 조치로 외부와 단절되었다.

가네코 후미코의 죽음

1926년 7월 23일 오전 6시 30분 가네코 후미코가 우쓰노미아형무소 도치기지소 감방에서 "작업용 마닐라 삼끈으로 목을 매어 자살했다"는 급보가 날아들었다. 박열과 함께 살다 함께 죽는 것을 간절히 바랐던 그녀였다. 사형 판결을 받고 만세를 외쳤으며 무기로 감형된 은사장恩赦狀을 받아 찢어 버리면서 끝까지 자신의 운명과 같이 천황을 저주하며 생을 마감했던 가네코 후미코였다.

박열 연구가 황용건은 당시 상황은 다음과 같이 쓰고 있다.

형무소에서도 박열과 함께 살다 함께 죽는 것을 간절히 바랐다. 가네코 후미코는 사형판결을 받고 만세를 외쳤다. 무기로 감형된 천황의 은사장을 받아 갈기갈기 찢어 버렸다. 끝까지 자신의 운명과 같이 천황을 저주하며 생을 마감하였다.

가네코 후미코는 "만일 조선에 박열과 같은 열렬한 투사가 30명만 있다면, 조선독립은 당장 쟁취는 물론 조선민족이 전 세계를 재패할 수 있을 것이다."라고 말하였다.

형무소측은 자살로 발표했다. 그러나 후세 다츠지 변호사와 원심창元心昌 등 흑우회원들의 사인 규명과 시신 인도 요구를 모두 거절해 '타살 의혹'이 짙어졌다.

실제로 가네코 후미코의 죽음은 옥중 임신설과 관련하여 교살의 의문을 남기고 있는데『동아일보』1926년 7월 31일자는 다음과 같이 보도했다.

조선인 박열과 일본인 가네코 후미코가 세상에도 드문 사랑을 나눴는데 주의의 고통과 깊은 이해를 갖고 부부생활을 해오다 중대사건으로 검거되어 예심취조를 받으며 도쿄 이치가야형무소에 경장천리로 서로 나뉘어 있다가 비로소 옥중에서 결혼식을 올린 것은 제1회 공판을 받던 그 당시였는데, 그들을 사형으로부터 형 일등을 감하여 무기도형에 처한 뒤 각기 복역할 형무소로 이감시키려고 한곳에 불러놓고 서로 작별을 시킨 것이 두 사람의 최후의 작별이었다.

가네코 후미코는 1903년 1월 25일 아버지 사에키 분이지佐伯文一와 어머니 가네코 기쿠金子菊 사이에서 태어났다. 그녀는 바로 호적에 오르지 못했다. 호적에 올려 주지 않아 출생신고도 못한 채 문란한 생활을 일삼던 부모의 무관심과 학대로 그녀는 어머니가家로 옮겨졌다. 소학교에도 정식으로 입학할 수가 없었다. 그녀는 친척과 주위로부터도 멸시와 학대를 받으며 괴로운 성장기를 보내야만 했다.

1911년 여름 가네코 후미코는 9살 때 충북 청원군 부용면 부강리에 살고 있는 아버지의 누이동생에게 양녀로 입적했다. 하지만 1년도 못되어 1912년 10월 14일 처음으로 외할아버지의 5녀, 즉 어머니 가네코 기쿠의 동생으로 호적에 올랐다. 이때 그녀는 가네코金子라는 성性을 갖게 되었다. 가네코 후미코는 할머니의 손에 이끌려 조선으로 왔다.

이후 그녀의 할머니와 큰어머니의 차가운 학대 속에 부강공립심상소학교와 고등소학교를 다니며 식모로 고된 생활을 하면서 견디다 못해 몇 번 자살을 기도했다. 가네코 후미코는 이곳에서 식민지 조선인의 실상을 보고 들었다. 그래서 나중에 이웃 조선 사람들의 따뜻한 정을 회상하게 되었다.

1919년 3월 부강리에서도 만세운동이 일어나 3·1만세운동을 직접 목격했다. 그 해 4월 햇수로 7년 만에 일본으로 돌아갔다. 훗날 추억으로 떠올린 조선에서의 생활을 마감하고 16세 때 야마나시山梨현 고향으로 돌아갔던 것이다. 고향으로 돌아온 가네코 후미코는 그곳에서도 오래 있지 않았다. 의사가 되고자 공부를 위해 도쿄로 갔다. 상경한 그는 외가의 큰숙부 집에서 숙식을 하며 세이코쿠영어학교와 연수학관에 다녔다. 그 후 도쿄생활은 친척집을 전전하며 신문팔이, 설탕가게 심부름, 가루비누 노점상, 가정부, 인쇄소 문선공 등을 하는 주경야독의 고된 생활이었다. 이때 가네코 후미코는 어린 시절의 쓰라린 체험으로부터 얻은 가혹한 영향으로 어렵지 않게 세상을 보는 눈을 가지게 되었다.

가네코 후미코는 이치가야형무소에서 작성된 제12회 심문조서에서 박열과의 사상적 동지적으로 하나 된 이유를 말했다.

"나는 박열에게 동화된다든지 뇌동하였다든지 하여 천황이나 황태자를 타도하려고 생각하게 된 것은 아닙니다. 내 자신 천황이라 하는 것은 필요 없는 것, 있어서는 안 되는 것으로 생각하고 있었던 것입니다. 그런 나의 생각이 박열과 일치했기 때문에 부부가 된 것입니다. 우리들이 하나가 되는 조건 가운데는 그런 생각을 공동으로 실행하려고 하는 동지적 결합이 약속되어 있었던 것입니다."

그리고 그녀는 천황제에 대해 신랄한 비판을 가했다.

"인간은 본시 자연적인 기초 위에 행동하고 인간이라는 단 하나의 자격에 의하여 한결 같이 평등하게 승인되어야만 하는 것임에도 불구하고 인위적인 법률에 의하여 왜곡시켜 부정하고 본래 평등해야 할 인간이 현실사회에 있어서 천황이라는 것 때문에 불평등화 되어 있다는 것을 나는 저주한다. 이것이 나의 평등관에 의한 천황지 부정의 논거이다."

박열도 가네코 후미코와 동거에 들어 간 경위를 정확히 밝히고 있다.

"피고가 가네코와 동거할 것을 결의한 경위는?"

"나는 그녀와 대면하고 그녀의 허무적 사상이 나의 사상과 일치하고 있음을 알고 동지로서 공동생활을 하기로 결의한 것이다."

가네코 후미코는 옥중 수기인 자서전 「무엇이 나를 이렇게 만들었는가」를 집필했다. 그리고 단가 230수도 남겼다. 1925년 여름에 쓰인 옥중 수기에는 다음과 같은 내용이 확인된다.

내 수기는 여기서 끝난다. 이 뒤의 일은 박과 나의 동거 생활의 기록 외에는 여기에 기록할 자유가 없다. 그러나 이 정도 쓰면 나의 목적은 이루어진다.

무엇이 나를 이렇게 만들었는가. 나 스스로 이것에 대해서는 아무 것도 말하지 못할 것이다. 나는 단지 나의 반생의 역사를 여기에 펼쳐놓았으니 다행인 것이다. 마음 있는 독자는 이 기록으로도 충분히 알아주리라. 나는 그것을 믿는다.

머지않아 나는 이 세상에서 나의 존재가 완전히 지워질 것이다. 그러나 모든 현상은 현상으로서는 멸해도 영원의 실재 중에는 존속하는 것이라 나는 생각한다.

나는 지금 평온하고 냉정한 마음으로 이 조잡한 기록의 붓을 내려놓는다. 내가 사랑하는 모든 것 위에 축복이 있기를!

가네코 후미코의 문장은 화려한 수사도 선동도 없고 소박하고 간결한 문장이다. 그녀의 삶이 그대로 잘 배어 있다. 그녀는 죽음을 예고했는지 모르겠다. 무기수로서 우츠노미야형무소 도치기지소 여감 독방에 갇혀 침식도 거른 채 꼼짝도 하지 않고 집필에만 몰두했다. 그녀가 남긴 옥중 편지 중 최후의 편지는 그녀의 마지막 삶의 목소리였다.

최후의 편지

여기는 지옥의 맨 밑바닥 …… 나는 지하 수천척의 갱내로 끌려 들어가고 있는 듯한 위압을 받고 있다고 생각합니다. 이제는 어쩔 수 없는 최후의 일점一點에 서서 있습니다. 그러한 내 자신을 오늘에야, 정말로 오늘에야말로 진실로 응시합니다. 오랫동안 여러 가지로 근심 걱정을 많이 끼친 일이 이제는 모두 잊기 어려운 추억이요 감사였습니다. 그러나 이번에야말로, 정말 이번만은 최후의 날이 왔다고 생각합니다. …… 모든 것은 추억 어슴푸레한 감상을 이 세상에 남기고 갑니다. 내 자신에 대하여 정말 오랫동안 이러한 날이 올 것을 예단하지 못한 것은 아니었습니다. 그러기에 이날을 위해 몇 번이나 굳고 굳센 각오와 결심이 필요하다고 생각되어, 될 수 있으면 진실로 아무렇지도 않게 자는 듯이 그와야 할 순간을 감수하려고 애쓰고 있었습니다.

가네코 후미코의 묘비석

다. …… 이대로 좋다고는 생각하지 않으나 그 대신 이것을 어떻게 하겠다는 데 대해 번민하지도 않습니다. …… 이 만년필과 '나의 사死'의 승리의 기록이 당신에게 보내는 유일한 유품이 될 것입니다. …… 나는 피었다가 곧 시들어 버리는 꽃이나 풀을 좋아하지 않습니다. 아름답지도 않고 사람의 눈길을 끌지도 않지만, 언제까지나 청정하여 창공을 향하여 뻗어 오르는 상반나무의 샘 중천中天을 향하여 뻗어 오르는 그 샘을 나는 정말 사랑합니다. 그러면 다시 돌아올 날을 믿고 나는 당신에게 최후의 편지를 쓰기로 했습니다. 당신에게 행복한 날이 오기를 빕니다.

그녀의 주검은 1926년 7월 23일 우츠노미야형무소 도치기지소에서 옥중 사망 후 일주일이 지나서야 후세 다츠지 변호사와 불령사 동지들에 의해 화장 유골을 수습하여 박열의 큰형 정식씨와 조카 형래에게 전달되었다. 그리고 문경 팔령산八靈山 선산에 묻히게 된다. 2003년 12월 팔령의 깊은 산속에 있던 가네코 후미코 묘소는 박열의사기념사업회에 의해 오천리의 박열의사 기념공원 경내로 이장되었다.

일제는 두 사람의 항일의지를 꺾기 위해 사상전향 공작을 끊임없이 펼쳤다. 편지 왕래나 독서 내용을 제한한 것은 물론, 글 쓰는 것도 방해하거나 전향을 종용하기도 했다. 그런 가운데 1926년 7월 23일 급작스럽게 가네코 후미코의 자살소식이 전해졌다. 자살의 원인이나 방법도 알려지지 않은 타살의 의문 속에, 그녀의 사체는 교도소 측에 의해 서둘러 가매장되었다.

박열과 가네코 후미코의 기구한 삶과 사랑은 두 사람의 다정한 포즈가 담긴 사진이 언론에 알려짐에 따라 또 다시 일본정계를 뒤흔들었다. 즉, 두 사람에게 호의와 존경심을 가졌던 검사와 예심판사가 두 사람을 동석시켜 사진을 함께 찍었다. 이 사진을 빌미로 하여 야당에 의해 대역죄인 우대라는 정치공세를 불러 일으켰다. 결국 이 사건은 당시 내각의 총사퇴와 사법관 파면 등 세간의 큰 반향을 야기 시켰다.

옥중 생활 그리고 전향 공작

일본의 내각을 붕괴시킨 이른바 '괴사진' 사건 당시에 사진과 함께 흘러

박열과 가네코 후미코의 모습

나온 박열의 「옥중가」가 있다.

10월 달 달 밝은 날 새벽에 가시니라.
○○○계신 대로 나의 님은 가시니라.
먼저 가서 기다리다 그대 오길 기다리리라.
가는 이는 벽을 넘어 그런 말씀 하시니라.

언제던가 복도에서 손잡은 일도 있었건만
그 언젠가 우연히 만나 손잡은 일도 있었건만
곁에 있던 간수께선 얼굴을 찡그리더라.
안 된다, 안된다고, 얼굴을 찡그리더라.

가을날 바람 차고 구름은 더했는데
아침부터 공중에서 비행기가 오고간다.
오고가는 비행기에 타고 앉은 비행기야
네 중에는 한 사람의 테로도 없는고야.

1923년 9월 3일 관동대지진의 혼란 속에서 경찰에 보호 검속되면서 천황과 황태자를 암살하려고 계획한 대역사건의 범인이 박열이었다. 그가 천황제에 비판적이었고 폭탄 입수를 계획하고 있었던 것은 사실이다. 그리고 박열은 옥중에서 투쟁했다. 후세 다츠지를 통해 가네코 후미코의 죽음을 전해 듣고 슬픔을 단식으로 이어갔다. 폐결핵을 앓고 있으면서도 그는 옥중에서 지속적으로 저항했다.

박열은 길고 긴 지루한 옥중생활에서 중국과 일본의 고대사에 관심을 갖고 이 분야에 많은 독서를 했다. 지바형무소에서 복역을 하고 있던 박열은 일본 내무성 경보국 『특고월보』에 기록된 바에 따르면, 사상적 동요를 가져와 사회주의 사상을 검토·비판했다고 한다. 그리고 1934년 10월 31일 형무소 내에서 일반 재감자들에게 관람시킨 행형협회行刑協會 영화에 관해 그 감상으로서 상신서上申書인 「감상록」을 제출했다. 이에 일제는 박열을 사상 전향자로 포함시켜 국내에 수감되어 있는 많은 애국지사와 독립운동가들에게 널리 선전했다고 한다.

1936년 8월 박열은 고스게小菅형무소로 이감되었다. 일제는 일반 정치범, 사상범과는 달리 대역범으로 혹독한 감옥생활을 견디고 있는 박열에게 집요한 사상적 개조와 공작을 가했다.

일본 법무성과 검찰은 박열이 사상전향을 했다며 관련된 글을 발표했다. 『특고월보』1935년 4월호 사상전향을 표명하는 글, 「공순상신서」, 그리고 현영섭의 저서인 『조선인의 나아갈 길』을 읽고 쓴 「소감」, 1938년 2월 24일 부민관에서 열린 국민정신총동원운동 대회에 박열이 보낸 성명서 「반도 동포에게 보내는 멧세지」 등이 확인된다.

이렇게 일본 사법 당국과 정부는 박열의 전향 선언 기록을 생산해 냈다. 이 기록들은 여러 측면에서 의혹을 남기고 있다. 특히 박열의 사상 전향 발표는 선언만으로도 중대한 뉴스거리일 것인데, 『특고월보』나 『사상휘보』 등 일본 고등경찰이나 검사국의 회보에만 게재되어 있을 뿐, 일간신문이나 대중 교양지에는 소개되지 않았다.

전향서라고 밝힌 글들은 별다른 설명 없이 이른바 천황의 적자를 자처하거나 불교에 귀의하겠다는 등 일관성이 없다. 그리고 문장이 박열의 이전의 글과 매우 다르다. 전향에 이르게 된 과정에 대한 설명도 없다.

그리고 전향선언에도 불구하고 일본 정부가 그를 출옥시키거나 감형을 하지 않았다. 일본 정부는 태평양전쟁에서 패망한 이후에도 박열이 정치범이 아니라 대역사범이라는 이유로 석방하지 않았다.

일제는 그에게 어떠한 감형이나 출옥의 조치도 취하지 않았다. 1945년 10월 27일까지 정치범이 아니라 대역사범이라는 이유로 석방하지 않으려 했던 것이다. 제국주의와 천황제에 맞서 싸운 박열을 일제가 얼마나 두려워했는지 짐작케 하는 대목이다.

1943년 8월 박열은 또 다시 도쿄로부터 북쪽으로 600km 떨어진 동북지방의 해안가 아키타秋田형무소로 이감되었다.

박열은 고문에 의한 생존 위기와 비위생적이고 열악한 형무소 유치장에서 병과 심신쇠약과 싸웠다. 또 독방에서의 고독과 불안은 상상을 초월한 고통이었을 것이다. 그러나 박열은 극복했다. 그는 무엇보다도 삶에 대한 애착과 강인한 정신으로 자신을 둘러싸고 있는 위태로운 현실을 극복했다. 그는 끝없는 옥중생활의 모습과 심정을 한시와 일문시를 통해 표현했다.

청산은 해마다 봄의 색깔로 새로운데
푸른 바다 오래오래 사방물가 적시네
옥중 깊은 밤에 부끄러움 깊은데

오척단신 이내몸 내가 잘못 다스리네
가을바람 소리높이 나무 끝에 탄식하고
창에 비친 석양에 그림자는 깊어지네
하늘에 춤추는 낙엽 금조金鳥 같은데
옥중에서 못하는 것 이 마음 아려오네
살과 뼈는 곧 종이요
죽고 사는 것은 은혜와 도타운 정이라
함께 데리고 가는 도타운 정 속에
마음 내키는 대로 안팎으로 움직이네
내가 없는 큰 나는 역시 나인데
만물엔 주인 있어 모두가 대왕일세
학자여 설교가를 막지를 말라
자유인 나가는데 크게도 바쁘다네
천지에는 차바퀴 돌고 도는데
원래는 존비가 없다지요
세계는 전부가 모두 둥근데
어느 곳 낮은 곳이 있을 것이라.

05 박열, 새로운 민족의 지도자 되다

감옥에서 나온 민족지도자

1945년 8월 15일 일본의 천황 히로히토는 무조건 항복을 선언했다. 그리고 제2차 세계대전은 끝났다. 일본은 카이로와 포츠담의 선언을 수락하고, 그때까지 일본의 식민지였던 조선은 해방을 맞이했다.

일본 사람으로는 이해되지 않는 일도 일어났다. 모두가 하나같이 생각했던 것은 조금이라도 빨리 귀국하는 것이었다. 그 때문에 조선인 노동자는 고용주에 대해 당연히 요구해야 할 많은 권리와 배상을 무관심했다. 많은 조선인이 막대한 손실을 감수하면서라도 귀국하고자 했다.

36년 동안 일제의 식민지지배를 받았던 우리 민족은 기쁨으로 해방을 노래했다. 전국에는 환희가 끓어 넘치고 거리마다 손수 만든 태극기를 흔들며 민중들이 일제히 만세를 불렀다. 8월 15일 우리 민족이 국내외에서 해방을 맞이한 기쁨은 하늘을 찔렀다. 너무 좋아 뛰며 기뻐하는 백의 군중은 각지에서 해방과 독립의 만세를 계속해서 부르짖었다. 서울의 남대문로와 태평로 일대는 인파로 메워졌으며, 손에 손을 잡고, 껴안고 서로 기쁨을 나누었다.

감히 끝날 것이라 생각도 못했던 일제 36년.
각기 다른 삶의 위치에 있었던 사람들에게 느닷없이 찾아온 일본의 패망, 그리고 해방의 느낌은?
일제시대 순사부장, 군수로 있었던 그들에게 해방은 과연 기쁨뿐이었을까?
조선인, 연합군 포로, 러시아 노역 징병피해자, 일본인, 독립운동가 등이 들려주는 생생한 체험의 해방이야기. '해방'이라 하면, 온 국민이 거리로 뛰쳐나와 만세를 부르는 장면만을 떠올리는 우리의 고정된 관념에 신선한 충격을 준다.

- 우리는 8·15를 어떻게 기억하는가?:
2005년 8월 9일 KBS 방송

일제에 의해 강제로 끌려가거나, 살길을 찾아 또는 민족의 해방을 위해 조국을 떠나 일본, 만주, 소련, 동남아시아 각지 등 먼 이국땅을 헤매야 했다. 이들 우리 동포들은 8·15 해방 직후 부모형제들을 찾아 기대와 희망으로, 설레는 마음으로 그리운 고향으로 돌아왔다.

해방이 되던 1945년 8월 15일 당시 일본 전역에는 약 210만여 명의 조선인이 있었다. 이들은 해방된 기쁨에 친척이나 연고자를 찾아 도시에 집결하고, 다시 집단으로 가족들과 함께 배를 타기 위해 시모노세키

關, 센자키仙崎, 하카다博多 등 항구에 모여들어 매우 혼란스러웠다.

당시 일본 정부는 한반도에 있던 일본인을 일본 본토로 먼저 귀환시킨 후 일본에 있던 조선인을 한반도로 귀국시킨다고 했다.

조선인들은 자비로 미군이 마련해 준 배를 타고 고향땅으로 돌아왔다. 비공식적인 경로를 통해서도 귀국길에 올랐다. 마침내 60만여 명의 조선인들이 일본에 잔류하게 되었다.

이렇게 일본에 살던 조선인은 크게 움직였다. 고향에 가고 싶고, 가서 사는 것이 낫다고 생각한 동포들은 과감하게 일본 땅을 떠났다. 남은 사람과 고향에 살려고 갔다가 돌아온 사람은 새로운 삶을 시작했다.

당시 일본의 패전으로 전쟁이 끝나자 남한에서 돌아온 정충해鄭忠海는 해방의 감격을 다음과 같이 표현하고 있다.

> 라디오 앞에서 무조건 항복을 한다고 하는 천황의 방송을 듣고 있던 우리 한국인들은 내심 날뛸 듯이 기뻤다. 그러나 지금 이 장소에서는 기뻐할 수도 없고, 그렇다고 하여 슬퍼할 수도 없는 미묘한 입장이었다. 눈을 감고 우리들에게 이제부터 펼쳐질 여러 가지 일을 상상하면서 그리운 고국의 산과 강, 꿈에도 잊지 못한 부모님 형제들과 처자식을 눈앞에 그리며, 저 무시무시한 전화戰禍 속에서도 목숨을 지켜 무사했기 때문에 이제 안심해도 좋다하고 마음속으로 외쳤다. 곧바로 뛰어서 돌아가겠다. 이제 돌아갈 수 있다. 우리들에게 때가 온 것이다. 자유세계의 자유로운 몸. 튼튼한 사슬로 꽉 매어 있던 몸이 일시에 풀어난 것 같다. 이 순간의 환희, 어떻게 필설로 나타낼 수 있을까.

강제로 동원되었던 조선인 노동자는 노예 상터에서 풀려났다. 징병으로 전장에 나갔던 청년도 해방되었다. 조선인은 모두 해방의 기쁨과 지금까지의 지배자이고 피압박자였던 일본의 위정자들에 대한 증오와 소박한 복수의 마음을 갖고 급히 귀국을 서둘렀다.

조선인 해방을 맞을 때 박열은 아키타秋田형두소에 복역중이었다. 일본 정부는 연합군 사령부의 모든 정치 사상범들을 즉각 석방하라는 통고에도 불구하고 유독 박열만이 일반 정치 사상범과는 다른 대역범이라는 이유로 계속 억류되어 있었다.

1945년 10월 27일 오후 2시 박열은 해방을 맞이했다. 21세의 청년이 44세가 되었다. 세계 감옥사상 단일 범죄로 최장 시간인 22년 2개월의 감옥생활을 극복하고 자유의 몸이 되었다. 이날 오후 2시 반 "박열 출옥 환영대회"가 아키타秋田현 오오다테大館역 광장에서 개최되었다. 1만 5천여 명이 모인 가운데 박열은 등장했다. 재일본조선인연맹 아키타현 준비위원회 섭외부장 정원진은 아키타형무소 오오다테지소에서 박열을 인도하여 군중들 앞에 나타났던 것이다. 조선인 투사 박열은 열렬한 환영을 받았다. 그것은 당연한 일이었다. 환영 깃발이 나부끼고 기다리고 있던 많은 군중들은 태극기를 흔들면서 박열 만세를 외치며 환영했다. 박열을 자동차에 태우고 앞뒤로 많은 경호대가 따랐다. 뒤를 이어 군중들은 시가지 중심부를 가득 메우고 행진해 갔다.

박열은 출옥 후 오오다테의 정원진의 집에 머물렀다. 휴식을 하면서 오랫동안 감옥생활로 피폐해진 정신적·신체적 기운을 회복하고자 했다. 조용히 지내고 있을 때 각지에서 신문기자들이 모여 들었다.

박열의 아키타형무소 출옥 후 환영대회 개최

당시의 현지 일본신문은 면담을 하여 기사를 작성해 「기적적인 생환」이라는 제목으로 박열의 이야기를 보도했다.

나는 감히 살아 돌아 올 수 있다고는 생각도 못했다. 죽음만 생각하고 있었다. 감옥에서 죽어 가는 옥중 동포들의 최후를 많이 보아왔으며 그렇게 비참할 수가 없었다. 나는 어떻게 해도 비열한 옥사는 하고 싶지 않았다. 나는 죽기까지 투쟁의 힘을 강력하게 유지하여 내가 품고 있는 원한의 천황을 끝까지 포기하지 않고 옥사의 한 순간까지 저주하겠으며 할 수만 있다면 죽이고 싶었으며 천황을 죽일 수 있는 힘을 최후까지 잃지 않겠다고 생각했다. 그래서 나는 1926년 4월 6일 지바형무소에 투옥 첫날부터 생환하는 아키타형무소의 마지막날까지 냉수마찰을 하루도 게을리 하지 않고 계속했다. 이 건강법이 나를 생환시켰던 것이다.

동포들이 연일 박열을 찾아와 면담을 요청하기도 했다. 그가 아키타의 오오다테에 머무르고 있을 때 도쿄에서도 많은 손님들이 찾아왔다. 이 무렵 재일본조선인연맹의 중앙 지도부에서는 사상과 이념을 둘러싼 의견 차이로 충돌이 일어났다. 그리고 일부에서 박열 추대 움직임이 일어나기 시작했다.

재일조선인 사회의 형성

1945년 해방이 되자 일본의 전국에서 많은 재일조선인 단체가 생겨났다. 이들 단체들은 귀국대책, 실업대책, 민족적 단결의 강화, 동포의 생명과 재산의 보호, 생활이 곤란한 동포의 구제, 통일정부의 수립 원조 등을 목표로 내세웠다. 당시 큰 단체만 해도 300여 개나 되었다. 이런 목표의 달성을 위해서는 단체의 통일이 필요했고, 그래서 중앙집권적인 전국 조직이 요구되었다.

해방을 기쁨을 안고 있던 조선인은 비록 일본 땅이지만 신국가 건설에 일조하고자 하는 열망과 자구를 위해 단체를 조직했다. 이들 조선인은 자생적 단체를 규합하여 전 일본적인 단체를 결성하기 위해 1945년 9월 10일 관동 대표와 관서 대표인 14개 단체 대표와 참관인 60명이 도쿄에 모여 중앙결성준비확대위원회를 개최하고, '재일본조선인연맹중앙준비위원회'를 구성했다.

같은 해 9월 15일 이 위원회는 도쿄에 본부가 설치된 것을 시작으로 전국적으로 각 부현 본부가 결성되었다. 9월 말부터 10월 초에는 조선장학회 건물 내에 준비위원회 사무소를 두고 선언, 강령, 규약 등을 만드는 작업이 진행되었다.

10월 15일과 16일에는 전국에서 모인 5천 명의 대표가 히비야공회당日比谷公會堂에서 전국대회를 가졌다. 여기서 "재일본조선인연맹을 결성할 것", "재일본 조선 민족 300만은 3000만 민족의 총의에 의해 수립되는 조국의 민주정부를 지지하고 건국의 위업을 달성할 것" 등을 만장일치로 결의했다. 마침내 재일본조선인연맹(이하 조련)이 결성되었다.

조련은 10월 16일 조련사무소에서 약 70명이 참가한 가운데 제1회 중앙위원회를 개최했다. 위원장 윤근尹槿, 부위원장 김정홍金正洪, 김민화金民化 체제였다. 당시 조련의 중앙조직의 경우 대부분 공산주의를 추종하는 세력들이 중요 직책을 이미 차지하고 있었다. 뿐만 아니라 사상적으로 박열과 같은 아나키스트에 대해 부정적인 인식을 가지고 있었다.

조련은 10월 17일까지 전국적으로 하부 조직 구성이 완성되었다. 조련의 선언문에 의하면, 제2차 세계대전이 종결됨으로써 조선인은 자유독립을 약속 받았다면서 그 논리를 전개하고 있다. 조련은 총력을 다해 신조선 건설에 노력하고 관계 당국과 긴밀히 연락하며 일본 국민과의 우호관계를 유지하고, 재일조선인의 생활안정과 귀국동포의 편의를 도모할 것을 피력했다.

조련은 창립 이후 조직 강화에 힘썼다. 1945년 11월 16일 제10회 조련 확대중앙상임위원회가 열렸다. 이 자리에서는 '친일파 민족반역자의 철저한 조사'를 결의한다. 이 결의에 기초하여 친일파, 민족반역자로서 상애회, 협화회 관계자, 일심회 간부, 동아연맹 간부 그리고 민족반역자들이 지명되었다. 그리고 이 내용을 각 현 본부에 알려 추방인민대회를 열고 이른바 인민재판에 부쳐 죄과를 규탄했다.

조련은 처음에 창립 강령에 따라 재일조선인의 귀국문제와 생활권 옹호를 위한 대동단결을 목표로 하는 사회단체로 발족했다. 명확한 정치노선을 가지고 있지 않았다. 그러나 점차 친일파 등의 우파 간부들을 배제하면서 정치적 성격을 분명히 해 갔다. 이에 따라 우파 민족주의자 장년층에 의해 신조선건설동맹(이하 건동), 청년들에 의해서는 조선건국촉진청년동맹(이하 건청)이 결성되었다.

해방 후 재일조선인 사회는 한반도 분단에 영향을 크게 받게 되었다. 양 정부와의 관련 속에서 재일조선인 사회는 두 종류의 단체를 중심으로 결집되어 간다.

재일조선인 단체가 조련만이 아니라 좌익과 우익세력으로 분열된 요인은 무엇일까. 여기에는 일제강점기부터의 역사가 작용했다. 이른바 항일운동의 경험이 단체 내에 영향을 미쳤던 것이다. 그리고 한반도의 정세 변화가 재일조선인 사회를 분열로 이끌었다. 특히 일본공산당의 지도를 받아 일본공산당 운동에서 일익을 담당해온 사람들이 그 역할을 하기도 했다. 결론적으로 조국 통일의 방책으로 남북이 미국과 소련에 분할 점령되어 있는 조건에서 어느 쪽의 민주주의 방식을 따를 것인가는 선택의 문제였다.

해방 다음 해인 1946년 2월 27, 28일 조련은 제2회 임시전국대회를 개최했다. 이 자리에서 조련은 정치적 성격을 명확히 밝혔다. 이에 따라 건청, 건동과의 물리적 충돌이 발생했다. 이 대회에서 조련은 재일조선민족전선의 확립 강화, 민족통일을 방해하는 반동적 단체 및 개인의 철저한 배격, 일본민주주의전선과의 제휴 협력 및 일본군국주의 잔재의 일소, 노동자·농민 근로대중을 주체로 한 본국 임시 민주정부의 확립과 지지, 조련의 조직 강화, 중견 활동가의 양성, 교육·문화계몽사업의 확대 강화, 재류동포의 생활권의 옹호 등을 기본 방침으로 했다. 또한 친일파 민족반역자와 건청, 건동과의 투쟁을 추진하고, '조선인민공화국'에 대한 지지를 성명했다. 그리고 '신탁통치안'을 지지하고 일본의 총선거에서 일본공산당 후보를 지원하는 운동을 전개하기로 했다.

전국적인 조직을 갖고 있던 조련은 대중적 기반을 착실히 구축하여 1949년 9월에는 전국 48개 부현府縣본부, 458개 지부, 306개 분회를 갖게 되었다. 구성원은 36만여 명에 달했다. 또한 조련은 민족교육에 힘을 쏟아서, 1947년 10월 당시 산하에 민족학교 578개 교에서 5만여 명의 학생이 공부했다.

이런 조련의 활동에서는 우선 좌익 정치범 석방운동을 들 수 있다. 그리고 재일조선인의 생활의 안정을 위한 원조와 보호 활동이 주목되었다. 한글로 신문·잡지 등을 출간해서 교육과 문화사업에도 주력했다.

이와 함께 조련이 가장 활발하게 활동한 것은 조선인의 본국 귀환문제였다. 조련은 옛 총독부의 건물을 인수하고 귀국자들의 편의를 도와

주고 그 댓가로 그들로부터 수수료를 받거나 은행통장, 공채, 국채증서, 적금통장 등을 양도받았다. 일본정부로부터는 귀국자의 경비를 받아내고 일본정부와 조선인을 고용했던 회사한테는 조선인 노무자에 대한 차별 임금, 사망자의 배상금 등을 요구하여 일부 지역에서 보상금을 받았다.

박열은 출옥 후 여러 모임에 초청되었다. 아키타현과 야마가타山形 그리고 도쿄 등지에서 동포들이 환영하는 모임과 민중대회 기자회견에 참석했다. 각지에 살고 있던 재일조선인은 인간 박열과 혁명가 박열의 모습을 직접 보면서 느낄 수 있었다. 30년 이상을 항일에 투신했던 박열은 조선 민중의 수족과 심부름꾼이 될 것을 천명했다.

특히 1945년 12월 8일 10시 히비야에서 열린 '박열환영회'에 참석했다. 박열은 일제의 패망과 함께 해방된 조국의 독립투사로 실로 23년 만에 도쿄의 동포 앞에 나타났던 것이다. 그는 환영회 석상에서 감옥 생활을 담담히 회고하며 장래의 희망에 대해 말했다.

나는 자유 시민입니다. 세계의 시민입니다. 나는 일본의 제국주의 군국주의 악마가 넘어진 일에 일본 민중을 위해서도 기뻐하고 있습니다. 나는 조국의 장래에 대해 정치적으로 꿰뚫어 볼 수 있는 말을 할 자격이 없지만 조선독립의 지도자가 되고자 하는 것을 생각한 바 없습니다. …… 고향에 돌아갈까 일본에 머무를까 독립의 문제가 나를 명하는 대로 진퇴를 정할 계획입니다. 8월 15일 이래 나는 독립국의 시민입니다. 이방의 시민이 어이하여 일본의 내정문제에 입을 열 수 있는 일이 있습니까. 나는 나의 새로운 운명을 조선 독립을 위하여 바칠 따름입니다.

도쿄에서 열린 석방환영 대회에서 그를 옥중에서 감시했던 형무소 소장 후지시타 이사부로藤下伊三郞가 수천의 조선인 앞에서 자신의 죄를 뉘우치는 연설을 했다. 그는 참회의 뜻으로 자신의 아들을 박열의 양자로 바치고, 이름 또한 박정진朴定鎭으로 개명한다고 밝혀 주위를 감동시켰다. 3남 창昌을 박열에게 양자로 보내면서 과거 자신의 잘못을 참회하며 자식으로서 아버지를 충성을 다하여 모시라고 일러주었다는 것이다.

이렇게 재일조선인 사회는 해방된 민족으로서 자유를 찾아 각지에서 자신들의 권익을 옹호하고 진로를 모색하고자 단체를 결성하고 활발히 움직였다. 박열은 좌익화되어 가는 조련에 참여하지 않았다. 이는 박열이 공산주의에 대해 비판적이었기 때문이다. 그는 자연스럽게 민족진영의 구심이 되었다.

마침내 박열은 1946년 1월 20일 열린 신조선건설동맹 창립대회에서 위원장으로 선출되었다. 『민단 40년사』에 보면, 조련에 반대하는 이른바 민족진영은 12월 2일 도쿄의 코엔지高圓寺에 있는 한 일본인의 집에서 박열의 옥중담을 들었다. 그리고 조련에 대항할 별도의 단체로 신조선건설동맹을 조직하기로 결의했다. 당시 조직의 입장을 선명하게 한 선언은 다음과 같다.

조련의 민족해방을 망각한 신탁통치 지지의 태도는 진심으로 유감이다. 우리는 어디까지나 자주, 자유 조국의 완전 독립을 위해, 신조선 건설을 목표로 인방 제 민족과 협동하여, 여기에 그 선구가 되고자 한다.

이 자리에는 권일과 조영주, 건청의 홍현기와 서종실, 이밖에도 김광남, 김정주, 정찬진 등이 참석하고 여기에 조련이 공산주의적 조직방향에 불만을 가지고 있던 인물들이 대거 동참했다. 건동은 이듬해 1946년 1월 20일부터 건청 본부가 있던 도쿄 아오야마靑山의 구육군대학 2층에 본부를 두고 결성대회를 준비했다.

신조선건설동맹의 운동방침

세계의 대세에 순응하여 인방 제민족의 협화를 실현하자. 인방 제국과 협동 하에 조국의 근대적 생산력을 급속히 광대하여 세계의 진운에 추급追及한다. 이런 건설과정에서는 왕도를 기본으로 하여 신시대의 지도원리를 확립한다.

신조선건설동맹의 행동강령

(1) 우리는 진정한 민주주의적 건국의식을 함양하자.
(2) 우리는 세계대세와 호응하여 사해동포 세계협동 기하자.
(3) 우리는 민족의 자주성을 무시하는 신탁통치에 절대반대 한다.
(4) 우리는 근로대중의 진정한 동지가 되자.
(5) 우리는 재일동포의 현실적 제문제를 민속하게 해결하자.
(6) 우리는 성실히 각 분야의 운동을 지수하자.
(7) 우리는 조국건설의 대강과 구체안을 하루라도 빨리 완성하자.

순국열사 유골 봉안회장의 김구 일행

3열사 국내 유해송환

이렇게 건동은 반공산주의 노선을 제기하고 강령에서 '민주주의적 건국의식' '사해동포적 세계협동' '근로대중의 동지' 등으로 개방형 민족주의를 표방했다. 이후 건동의 결성에는 박열과 함께 아나키스트 동지로 항일운동에 참여해 온 이강훈과 원심창의 역할이 적지 않았다.

박열은 1946년 5월 백범 김구의 부탁을 받아 3열사들의 유해송환 책임을 맡았다.

김구는 1946년 2월 박열이 건동 위원장으로 활동할 무렵, 그에게 부탁하여 윤봉길·이봉창·백정기 세 열사의 유골을 본국으로 모셔오고 싶다고 청했다. 박열은 항일 의열투쟁의 선봉에 섰다가 일본의 형무소 뒷자리에 쓸쓸히 버려진 윤봉길·이봉창·백정기 등 3열사의 유해를 발굴하여 고국으로 모셔오게 된 것이다. 1946년 2월 19일 간다神田 공립강당 公立講堂에서 추도식을 거행했다. 그리고 7월 유해를 서울로 봉환했다.

이들 민족운동가들의 조국 귀환은 상징적 사건으로 조선인의 강한 민족의식을 대변하는 일이다. 같은 해 7월 김구는 「3의사를 반장返葬하고-재일 동포에게 보냄」이라는 글에서 박열의 역할, 특히 항일운동을 적극 평가했다.

나는 박열군의 성명서를 읽고 깊이 경의를 표하여 마지 않는다. 무엇보다도 군君은 무정부주의자다. 군君의 이상과 신조로 보아 인간의 자유의지와 개성을 절대 존중하는 군君으로서 조국과 동포를 위하여서는 각자의 주장을 버리고 오직 독립 일로一路로 매진하자 하였으니 이것은 군君의 애국의 단성丹誠으로 단결을 고요苦要하는 충심에서 표명된 것이다.

박열은 1948년 8월 자신의 민족자주적 독립사상과 자유 평등 이념을 밝힌 『신조선혁명론』을 발간했다. 그는 이 『신조선혁명론』에서 독서와 사색으로 단련한 사상체계에 기초하여, 사상, 정치, 경제, 문화, 교육 등 전반적인 문제에 대해 탁월한 식견을 표명했다.

이 책은 '사상입국', '건국의 지표', '청년과 민족의 운명', '생활혁명운동의 전개' 등의 4장과 부록으로 구성되어 있다.

제1장은 '세계는 하나'라는 명제 아래 민주주의와 공산주의의 화합을 주장하고, 동시에 우리 민족 고유의 창조사관을 갖자고 주장했다. 창조사관은 유심사관과 유물사관 그 어느 한편으로도 치우치지 않는, 두 부분을 상호 보완하여 수용하자는 민족주의 사관이라는 것이다.

제2장에서 박열은 "스스로 싸워서 얻은 독립이 아니라 주어진 독립이라고 볼 때, 우리는 독립 완성을 위해서 앞으로 다년간에 걸친 인고를 각오하지 않으면 안된다"고 역설하면서 그 귀결점으로 '통일전선'의 구축을 역설했다.

제3장에서는 '입국의 지주로서의 청년'의 역할을 강조했다. 즉, "청년의 문화수준을 높이고 국내의 민주적 활동이 활발하게 전개되는 새로운 조선에 알맞은 모태를 이룩해야만 한다"라고 주장했다.

제4장에서 박열은 자신의 결연한 각오를 밝히고 있다. 즉, "나는 독립의 공식과 그 원칙을 무시하는 것을 단호히 부정한다. 어디까지나 공식과 원칙을 고집하고 독립 완성을 위해 계속 싸울 것이다"라고 했다.

부록인 '3천만 동포 모두에게 죄가 있다'는 글에서 박열은 민족반역자나 반동분자로 낙인찍혀 있는 사람들에게 "이제야말로 주저함 없이 자신의 과거의 죄과를 깨끗이 청산하고 새로운 생활에 들어서서 우리들의 역사적 대과업이 민족해방전선에 기꺼이 참여해야 할 것이다. 그렇게 함으로써 조선민족의 영광은 영원토록 계속되고 민족의 유구한 대의는 찬란하게 빛날 것이다"고 강조했다.

이처럼 『신조선혁명론』은 그의 정치철학과 사상을 엿볼 수 있는 귀중한 자료이다. 이 책은 1948년 8월 일본 도쿄에서 출판했다. 그리고 1989년 한국에서는 처음으로 문고판으로 출판되었다. 해방된 조국의 현실을 냉철하게 꿰뚫어 보며 조국이 나아가야 할 방향을 명확히 제시했다.

당시 상황은 박열로 하여금 민족적 각성을 촉구하게 만들었다. 조국 '대한민국'이 독립을 이루기는 했지만 우리의 힘이 아닌 전쟁의 승리자의 힘에 의해 해방되어 남북으로 갈라진 채 완전한 독립을 성취하기 위해 꼭 필요한 일이었다. 또한 민주의 깃발 아래 민족의 대동단결을 통해 민족해방과 조국통일이라는 당면과제를 해결할 것을 주장했다. 그의 사상은 세계주의에 입각했다. 그리고 구체적으로 제3의 세계질서를 천명하고 있다. 박열은 '세계는 하나'라는 명제 아래 민주주의와 공산주의의 화합을 주장하며, 우리 고유의 창조사관을 밝히고, 그 어느 쪽으로 치우치지 않게 두 부분을 상호 보완하여 수용하자는 견해를 피력했다.

새로운 제3의 세계질서는 오로지 조화를 뜻하는 것이며, 세계평화의 근본적인 원리, 사상임은 재론의 여지가 없다.
나는 이 제3의 질서, 즉 조선 건국의 사상적 기반은 바로 여기에 있다고 확신한다. 우리는 이러한 사상을 근간으로 삼음으로써만이 협소한 국토에 3000만의 인구가 있는, 문화적인 자질이 아직은 조금 낮을는지 몰라도 세계가 모두 승인한 조선이 완전한 독립을 달성할 수 있으리라 믿는 것이다.

이 사상은 지금 당장은 이해되지 않을지도 모른다. 그러나 이 건국의 철리야말로 누구에게도 지배받지 않고 의존하지 않는 그리고 완전한 조선 독립을 가능케 하는 사상이라고 확신한다.

보다 더 구체적으로 말하면, 두 개 중의 어느 것이라도 좋다는 식은 아니다. 그 중의 하나여야만 한다는 것도 아니다. 건국의 사상은 이 두 가지를 넘어선 제3의 질서, 즉 조선민족의 역사와 민족 본연의 전통, 습관, 민족성을 배경으로 하여 조선민족의 새로운 질서를 창출하는 일이다. 물론 건국의 도정은 험준하므로 그 과정에 있어서 미·소 양국에 대해서 여러 가지 희망도, 요구도, 청원도 있을 것이고 어느 때에는 항의도 있을 것이다.

그는 어느 한 방면에 머무르지 않고 정치·경제·문화·교육 등 전반에 걸쳐 탁월한 식견을 가지고 있었다. 특히 경제분야에서는 산업입국론을 주장하여 생산체계의 변혁을 독립의 중요한 과제로 그리고 노동자와 자본가의 합의 하에 경영협의회를 결성하여 계급 간의 문제를 극복하고 시대를 넘어선 논리를 전개하기도 했다.

재일본조선거류민단의 창립

박열이 주도한 건동은 조선인 사회의 변화에 추동되어 갔다. 조직과 재정면에서 취약성을 가지고 있던 건동은 결성 7개월만인 1946년 8월 15일, 해방 1주년을 계기로 변화를 도모했다. 이에 따라 건동은 8월 31일 동맹청년학교에서 개최된 제2회 전체대회에서 조선인 생활의 보호와 권익옹호를 하기 위해 '거류민단'을 조직한다고 결의했다. 이어 9월 25일 본부 강당에서 32개 조선인 단체 대표들이 참석한 가운데 '거류민단결성준비위원회'를 구성하고 조련에서 탈퇴한 고경흠을 위원장으로 선출했다. 같은 날 건청도 나가타쵸永田町 초등학교 강당에서 제3회 전국대회를 개최하고 거류민단결성추진위원회에 참여하기로 결정했다. 이에 따라 건동과 건청은 9월 28일 합동대회를 개최했다.

건청의 조직도 민족주의 진영에서는 중요했다. 조련이 재일조선인의 대동단결을 목표로 했던 것과 달리 북한을 지지하는 재일조선인 단체로 변화되어가자 여기에 불만을 품은 일부 재일조선인 청년들이 1945년 11월 별도로 건청 결성을 발표했다. 같은 해 11월 16일 건청은 본부를 도쿄에 두고 구성은 30세 미만의 나이를 가진 자로 한정했다.

당시 결성의 발안자는 허윤용이었다. 그는 조련 준비위원회 사무실에 있던 서종실·이원유·전상호·김성환 등과 이원유의 집에서 청년단체 조직을 논의한 후 청년동지를 확보해 갔다. 조선건국촉진청년동맹 명의의 취지서는 다음과 같은 내용이 확인된다.

취지

인류사상 그 유래를 찾지 못할 참담한 제2차 세계대전도 일본의 패전으로 막음을 짓고 제국주의적 비정秕政하에 고통과 신음을 거듭하던 우리 조선에 자유독립의 새로운 약속이 맺어졌다. 북위 38도를 경계로 묘액대貓額大의 강토가 남북으로 이분되어 미소양국이 분할적 군정을 펴고 있음은 유감천만의 한사恨事라 아니할 수 없다. 이 기간이 되도록 단축되어야 하겠고 철폐되기를 바라는 마음을 금할 수 없다. 청년동지를 널리 규합하여 완전한 자주독립국 조선의 건설을 목표로 이론연구와 실천운동을 전개하려 한다. 분연 궐기하라!!

강령

- 우리는 완전한 자주독립국가의 급속실현을 위하여 조선청년의 대동단결을 기함
- 우리는 진정한 민주주의 국가의 실현에 헌신함
- 우리는 관치의 범위를 간략히 하고 자치를 확대하며 청년의 창조성을 최대로 발휘하여 신조선건설의 초석이 되기를 기함
- 우리는 조선의 급속개발을 위하여 중요산업 외에는 개인의 산업적 창의의 존중을 기함
- 우리는 교육의 혁신을 기하고 민족문화의 영원한 발전을 도모함
- 위리는 국가적 사업의 추진을 위하여 청년건설대의 편성을 기함
- 우리는 경박한 향락적 생활을 배격하고 건전한 근로정신의 배양을 기함

1945년 11월 17일 건청은 애국투사출옥환영연설회를 겸하여 건청결성대회를 열었다. 대회의 구성은 서종실이 사회, 전상호가 조직경과보고, 홍현기가 재정보고, 이해룡이 행동방침설명을 하고 이강훈이 옥중체험담과 격려사를 했다. 10월 27일 출옥해 요양하던 박열이 축사를 보냈고 이해룡이 그것을 대독했다. 또한 이 대회에서는 조직위원회가 준비한 연합군사령부에 대한 결의문이 채택되어 연합군사령부에 전달되었다.

연합군사령부에 대한 결의문

…… 미소 양국군이 분할진주하에 손바닥 같은 강토가 남북으로 이분된 것은 유감사라 아니할 수 없다. 조선을 독일 기타의 점령지처럼 장구한 분할통치를 모의하고 신탁통치 국제관리적 형태에 오래 둔다면 이것은 세계의 평화 만민의 공정한 행복을 막는 일로서 국제정의에 배반된 일이라 ……

현명하신 맥아더 각하, 조국의 현재와 장래를 생각하는 우리들 조선청년의 우려와 절망이 무엇임을 깊이 통찰하소서. 긴급이 이승만, 김구씨에 조선통치를 일임하고 급속이 조국국토에서 철병함을 절망하는 바이다.

- 조선건국촉진청년동맹 대표 허운용, 서종실

이렇게 건청은 조선인의 당면한 정치적 요구를 흡수했다. 그리고 건청은 조련과 마찬가지로 일본정부, 연합군총사령부와 교섭하여 구일본군 군복, 구두, 맥주, 담배, 쌀 등의 물자를 불하받아 구성원들에게 배급

했다. 수익금을 조직 운영에 충당했다. 그러나 건청은 신탁통치안에 대한 입장, 민족주의와 공산주의 등에 대한 인식 등의 차이로 늘 조련과 대립했다. 행동대원들 사이에서도 폭력사건이 빈발했다. 그렇지만 건청에는 강력한 지도자도 없고 경제적 기반 역시 약해 초기의 운동과는 달리 점차 약세를 보였다.

마침내 재일본조선거류민단(이하 민단) 결성대회는 1946년 10월 3일 도쿄 히비야공회당에서 개최되었다. 2천여 명이 참석한 결성대회는 사회인 김용태에 의해 개회가 선언되었다. 의장에는 고경흠, 부위원장에는 홍현기와 원심창이 각각 담당했다. 당시 설립 취지를 요약하면 다음과 같다.

우리는 새삼스럽게 본국의 혼돈스런 정세와 미약한 태도에 낙담하는 것은 아니다. 그것은 본국에 있는 현명한 지도자들과 이것을 지원하는 선량한 연합국에 위임하기로 한다. 아울러 일본에 재류하고 있는 우리들로서는, 이제 우리 스스로의 힘과 손에 의해서 자신을 다루어야 할 단계에 도달했다.

우리 주위에서는 과거 1년간을 통해서 정치적으로나 사상적으로 혹은 문화적으로도 다양한 단체가 난립하여 여러 가지 활동을 전개해왔다. 그리고 그 결과는 우리들 자신의 입장을 불리하게 이끌고 상호간의 결속을 분리시키며, 나아가서는 우리들이 희구하는 조국독립과 민족통일과 문화의 계몽에 전혀 공헌한 바도 없어, 헛되이 우리들의 당면문제인 민생 및 교육문제의 해결과 향상을 저해시켰을 뿐만 아니라, 국제간의 신의마저도 점차 실추시키고 있는 중대한 난관에 봉착했다.

이에 우리는 우리들의 외연外延인 주위의 정세를 겸허한 태도로 관찰하고 우리 자신의 현실을 냉정한 입장에서 비판하고, 그럼으로써 본국의 일반적인 동향, 일본의 전면적인 태도 및 연합국의 공통적인 요구 등을 충분히 고찰하고, 국면의 타개책과 장래의 활동의 초석을 수립·형성시켜야만 할 것이다. 즉 우리는 주의와 주장만 하는 정치에서 탈피하고 자신과 자당自黨만을 고집하는 굴레에서 벗어나서 대동단결에 의해서 넘치는 전력을 다하고, 집중된 모든 지혜로 새로운 전개를 꾀함으로써 민족의 영예와 조국의 영광을 영구히 보전하려고 하는 것이다.

가을비가 내리는 가운데 전국에서 참석한 대의원 218명과 20여 개 단체를 포함하여 약 전술했던 것처럼 2000여 명의 조선인이 운집하여 열기를 띠고 있었다. 당시에는 먼저 인사와 내빈축사가 있었다. 이어 국내정세 보고가 있은 다음 박근세로부터 '거류민단' 결성의 취지 및 경과보고가 있었다. 임원진으로는 단장 박열, 부단장 이강훈, 사무총장 원심창이 선출되었다. 그리고 선언서 및 결의문을 채택했다. 당시 결성 선언서는 다음과 같다.

재일본조선거류민단 선언서

조국이 해방되어 1개 성상星霜이 경과한 금일, 아직 일본에는 60여만의 동포가 재류하고 있다. 이것은 본국의 다난多難한 국정에도 의하지만 재일동포 각자의 인적, 경제적 사정과 즉시 해결하지 못할 제반사정에 의해 당분간은 일본에 잔류하지 않으면 안될 까닭에서이다. …… 금일 재류동포의 현상을 냉정히 관찰하건대 우려에 넘치는 것이 너무나 많다. 시간이 경과할수록 기본적 인권이 경시되고 거주의 자유가 보장되지 못하고 언론, 결사, 신앙의 자유를 행사할 기회와 조건이 감퇴되어 가고 있다. 재류동포의 법적 지위는 매우 불안정하고 경제적으로는 파탄선상에 방황할 뿐 아니라 사회적으로는 일제시대로 역행하는 경향마저 보인다. …… 이대로 방치하면 사회적·국제적으로 좋지 않은 문제가 기起되지 않음을 단언할 수가 없다. 재류 정치나 사상운동에 빠져 주의 주장만을 부르짖을 때는 아니고 또 장소도 아니다.

우리들을 목하 긴급을 요하는 과제를 해결해야 한다. 문제를 해결하는 것은 우리들 60만 자신이라는 것을 알아야 한다. …… 우리가 조선거류민단을 결성하는 것은 군정당국의 따뜻한 지도로 전원 귀국할 때까지 일치단결하여 각자의 의무를 충실히 지키는 자치기관으로서 우리들에게 부여된 권리를 향유하고 우리들에게 관한 제문제를 해결하면서 국제신의를 영예를 보전하기 위함이다. 우리의 목적하는 바는 다음과 같다.

(1) 우리는 재류동포의 민생안정을 기期함
(2) 우리는 재류동포의 교양향상을 기期함
(3) 우리는 국제친선을 기期함

선언서를 보면 모든 조선인은 언젠가는 전원 고국으로 귀국한다는 전제가 뚜렷하게 나타나 있다. 이 문제에 대해 조금의 의심도 없었다. 즉, 민단의 존재도 귀국 때까지라는 한정을 하는 것으로 이는 조선인의 심정을 표현한 것이다. 민단은 선언서에서 재일조선인은 이방민족 가운데 필요한 결합과 공통된 목적 달성을 위해 굳은 단결이 필요함을 강조했다. 그리고 민단의 조직 목적을 동포의 민생안정과 교양향상 및 국제친선이라고 밝히고 있다.

그런가 하면 1946년 12월 5일 이승만은 미국에서 열리는 연합국 회의에 참가하기 위해 미국으로 가는 길에 도쿄에 들린다. 그리고 제국호텔에 머물렀다. 박열은 12월 10일 이승만과 제국호텔에서 만나게 되었다. 이 자리에서 이승만은 본국 정세를 설명하고 자신이 남한에서 단독정부를 수립하기 위해 노력중이라 말했다. 아울러 재일조선인들의 협조를 요청하며 맥아더의 부탁도 있다면서 재일조선인의 실정과 의향을 듣고 싶다고 했다. 이에 대해 박열은 재일조선인의 생활권, 법적 지위, 귀국 소송문제 등을 설명한다.

당시 재일조선인 사회는 좌우합작을 통한 통일국가를 수립하자는 의견이 지배적이었다. 그러나 현실적으로 본국에서는 전국적으로 민족진영과 공산주의자들이 연합하는 것이 점점 멀어지고 있었다. 일본에서도 조련이 재일조선인 사회의 주도권을 잡고 민단과 건청과 대립적 구도를 형성하기 시작했다. 때문에 완전 통일독립을 위한 좌우합작에 대한 희망은 점차 멀어지고 민족진영과 공산주의세력 간의 대립 구도가 강해지고 있었다.

민단은 연합군사령부와 남한의 단독정부 수립 세력과 연계해서 재일조선인 문제 해결에 나섰다.

1947년 3월 1일 민단이 창설되고 첫 번째 맞이하는 3·1절 기념식이 있었다. 히비야공회당에서 5천여 명의 재일조선인이 모여 성대히 거행되었다. 홍현기 부의장의 개회사로 시작된 기념식은 28년 전 그날 박열의 독립선언문 낭독이 시작되자 그 음성이 비창하여 듣는 이 모두가 눈물에 젖게 했다.

오등은 자에 아 조선의 독립국임과 조선인의 자주민임을 선언하노라.
차로써 세계만방에 고하야 인류평등의 대의를 극명하며, 차로써 자손만대에 고하야 민족자존의 정권을 영유케 하노라.
반만년 역사의 권위를 장하야 차를 선언함이며, 이천만 민중의 성충을 합하야 차를 포명함이며, 민족의 항구 여일한 자유발전을 위하야 차를 주장함이며, 인류적 양심의 발로에 기인한 세계개조의 대 기운에 순응병진하기 위하야 차를 제기함이니, 시 천의 명명이며, 시대의 대세며, 전 인류 공존동생권의 정당한 발동이라, 천하하물이던지 차를 저지 억제치 못할지니라.

그날은 밖에 봄비가 내렸다. 안에는 민족정기가 드높았다. 식을 거행하는 무대에는 연합국의 국기들이 내걸렸다. 이 가운데 유독 태극기가 돋보였다.

한편 재일조선인은 독립을 모색하며 진통을 겪고 있는 조국의 암담한 현실을 이국 땅 일본에서 목도하고 있었다. 그리고 가슴 아파하며 일제하에서 조국 독립을 절규한 3·1만세운동을 되새기며 기념식을 갖게 되었다. 식장의 무거운 분위기에서 재일조선인의 마음은 그리 유쾌하지 않았다. 해방된 이후에도 일본인들 속에서 심한 생활고와 차별의 압박을 견뎌야하는 재일조선인은 조국의 완전한 독립이 절실했다. 하루속히 통일 조국이 이루어지기를 갈망하던 열기가 히비야공회당에 넘쳐났다.

1947년 4월 8일 박열은 이승만을 다시 만난다. 미국방문을 마치고 귀국하는 길에 다시 도쿄에 들린 이승만은 박열과 회담을 갖는다. 이승만은 이 자리에서 유엔감시가 가능한 지역에서의 선거와 정부수립의 불가피성을 설명했다. 그리고 박열에게 협조를 구했다. 여기에 대해 박열은 자신의 입장을 발표했다. 『민단신문民團新聞』 1947년 6월 30일자에 그는 "건국운동에 공산주의를 배격한다"는 글을 기고했다.

1947년 10월 1일 제3회 민단 정기대회가 열렸다. 이 자리에서는 민단의 정치노선을 확립하여 남한의 단독정부 수립에 대비한다. 12월 6일 중앙이사회를 열고, 유엔감시하에 총선거를 지지하는 공식적인 결정을 했다. 그리고 민단은 1948년 1월 2일 정치노선위원회를 설치했다. 1948년 한국에서 5·10총선거가 끝나고 대한민국 정부가 수립되었다.

당시 수립식에 박열 민단 단장을 비롯한 13명이 참석했다. 이들은 각계각층의 국내 인사들과 환담하며 국내 문제에 대해 적극 의견을 개진했다.

1948년 8월 16일 민단 단장 박열은 정부수립식에 초대되어 국회에서 연설을 했다.

　　이 사람이 이제 소개받은 박열이올시다. 우리 긴 역사상에 가장 빛나는 대한민국 정부수립을 전세계에 공포한 후 최초의 국회 우리 국가를 대표하시는 국회의원 여러분! 이 신성한 자리와 귀중한 시간을 얻어서 재일조선동포를 대표해서 한마디 말씀드리게 된 것을 무상無上한 영광으로 생각하고 희열에 넘치는 바이올시다.

기미운동 이래 방법은 각종 각색이었을지라도 오직 조국광복을 위하여 피땀은 물론 생명을 아끼지 않고 투쟁하여 주시고 또한 이번 총선거 때는 과연 피로 물들였다고 할만큼 악질 공산당의 반역이 극심하였지만 용감히 이를 격퇴시키고 국민에게 신임을 물어 신임과 지지를 받아 국회에 나오신 여러분께 존경과 감사의 염을 금치 못하겠습니다.

특히 불과 2개월 남짓한 단시일에 헌법제정, 정부수립 등의 가장 중요한 문제를 용이하게 선처하였음을 볼 때 국회의원 여러분의 애국지심의 결정이라고 믿고 또 한 번 감사를 드리는 바이올시다. 그러나 이 자리를 살필 때 아직도 비어 있는 백 명의 의석, 38이북 동포의 안부를 생각하니 가슴이 뻐근한 것뿐이올시다. 뿐만 아니라 오랫동안 주인을 잃었던 이 땅의 폐허, 일반민정의 타락, 도탄에 빠진 이 백성의 차마 볼 수 없는 민생, 이상은 과연 시급 화급한 문제이외다. 다시 말씀드리면 행정권이양, 국제승인, 사상선도, 산업부흥, 골육전의 미연 방지, 이것을 위하여 우리가 가진 바 전부와 최선의 노력을 경주하여 주시기를 바랍니다.

만약 우리의 역사의 뒤풀이라고 할까, 당파싸움이나 남·북인 운운의 망국병이 재발한다면 이 나라는 영원히 멸망하고 말 것입니다. 제반사 그 출발에 있는 것이요 그 토대에 있는 것이니, 대한민국의 초대 국회의원 그 사명은 거룩하기도 하려니와 중대함을 망각치 말으시사 이 겨레와 세계인류를 위하여 진선미의 이치에 순응할 어긋난 진와는 피흘리기까지 싸워주시기를 바라오며 한동안 멀어진 3영수의 협조를 위하여서는 목적 달성을 기하는 날까지 부단한 노력을 하여 주시기 바랍니다.

특별히 여러분께 드릴 말씀은 일본에 있는 동포의 재산은 1천억 원을 넘는 거액이며 또한 우리 국가건설에 필요한 일반기술과 특수기술자의 수는 수천을 헤아릴 수 있는 현상인데 이것은 본국에서 세우는 정책 여하에 따라서는 무조건으로 활용할 수 있는 것입니다. 만약 이것이 실패하면 민족발전에 큰지장이 되고 말 것입니다. 여러분의 깊은 관심과 연구가 있기를 바랍니다. 그래서 재일 60만 동포에 대한 적절한 시책도 시급히 수립되니 본국에도 공헌할 뿐만 아니라 국제적으로도 친선이 실현되고 세계평화에도 기여하는 바 크기를 간절히 바라는 바입니다.

이번에는 급히 본국에 오게 되어서 여러분들에게 보고해 드리려고 하는 준비도 잘 안 되었습니다마는 간단히 불완전하나마 서류를 만들어가지고 왔습니다. 제1에는 재류동포의 조사표, 제2에는 한국인학교 학동통계표, 제3에는 일본인과 결혼한 사람들의 통계표, 제4에는 재일동포 재감자在監者 통계표, 제5의 점령정책하에 있는 재일동포의 동태의 일반적 민생문제·사법관계의 문제·대외국인관계·사상경향 등이올시다. 이 서류는 사무국에 제출하겠으니 사무국에서 선처해 주시기를 바라고 이 자리를 내립니다.

그는 고향을 찾아 부인 가네코 후미코의 묘소에 참배했다. 그리고 친지들과 옛 스승을 만나기도 했다.

박열의 재일본조선거류민단은 결성 후 본국의 대한민국 정부가 정식으로 수립됨에 따라 1948년 10월 5일 제5회 전체대회에서 재일본대한민국거류민단으로 개칭, 규약 일부를 개정했다. 이것은 1948년 9월 8일 한국 정부로부터 정식 공인되었다. 그리고 국회에 참관인을 파견했다. 언제나 본국문제는 동포사회의 관심거리로 본국의 총선문제는 재일조선인 사회에 영향을 미쳤다. 그 여파가 민단에도 미치어 외견상으로는 총선을 지지하고 단합을 과시했다. 그러나 내부적으로는 양분 구도가 형성되었다. 국내 정치상황도 이승만 대통령에 대한 지지파와 반대파 등으로 의견대립이 나타났다. 결국 지도노선이 흔들리고 재정난까지 겹치게 되었다.

단장 박열은 고심에 빠진다. 결국 민단은 경제계 인사를 조직에 등용하려 했으나 경제계 인사들이 조직에 기여하지 않고 오히려 민단 간부직을 이용하는 일이 발생했다. 이렇게 되자 재일조선인 사회의 분위기가 좋지 않았다. 결국 민단은 재정이 어려운 상태에 빠지게 되고 이강훈, 원심창 등 주요 간부들은 민단에서 퇴진한다. 이에 따라 박열 중심의 민단 체제는 최대의 위기를 맞이하게 되고 박열은 1949년 1월 20일 사임을 발표한다. 「재일본조선거류민단 단장직을 사임하면서」라는 글에서 민생안정과 권익보호에 노력하여 결속된 힘으로 재일조선인 사회가 나아갈 것을 주문했다.

그는 해방된 조국의 정부 수립을 앞두고, 조국의 미래에 몸을 던지는 비장한 각오를 밝혔다. 조국 조선을 둘러싼 급박한 정세에 한 몸을 바칠 것을 다짐하였다. 이제야 일어나서 자신에게 닥쳐오는 국내외적 정치적 소용돌이 속에 투신하지 않으면 안 된다는 절박한 위기를 의식하고 있었다. 박열은 이러한 국내외적 정치상황의 위기를 기회로 보았다.

그는 민단 단장을 5대에 걸쳐 수행하면서 탁월한 정치적 식견과 민족애로 재일조선인 사회를 이끌었다. 그러나 시대의 흐름은 행정력이 있는 조직가를 요구하게 되었다. 같은 해 4월 1일 민단의 제6회 임시 전체대회는 처음으로 무기명 투표로 정한경을 단장으로 선출했다.

마침내 박열은 1949년 영구귀국을 결심하고 새롭게 출발하기로 결심한다.

한국에 돌아오다

1949년 5월 4일 한국에 돌아 온 박열은 강열했다. 그는 1948년 8월 15일 대한민국 정부수립 축전에 이승만 대통령의 특별 초청으로 민단을 대표하여 잠시 방문한 뒤 9개월 만에 다시 고국 땅을 밟게 된 것이다.

박열이 예고 없이 갑자기 귀국하자 서울 정가는 근거 없는 소문이 돌았다. 그가 이승만 대통령과의 관계를 근거로 체신부장관, 사회부, 상공부장관 등에 취임한다고 알려졌다. 정확하지 않은 소식통에 따라 언론이 보도를 잘못 선도했던 것이다.

그는 명동의 조선호텔에 머물렀다. 일본 땅에서 거의 23년이나 수형생활을 했다. 감옥생활에서 몸에 익힌 생활습관으로 그는 항상 새벽에 일어났다. 그리고 독서와 사색으로 하루를 준비했다. 근 30여 년 만에 돌아온 조국 땅에서 그는 하루를 일찍 시작했다.

박열은 조용한 사람이었다. 오랫동안의 내면화된 그의 사색의 깊이는 범인이 근접하기 힘들 정도였다. 조용한 나날을 보내며 방문객을 접대했다.

사람들은 박열을 수형생활을 극복했기 때문에 기가 센 사람으로 생각한다. 기개와 용맹이 넘치는 비범한 사람이지만 박열은 늘 조용했다. 그리고 겸손했다. 많은 말을 삼가하면서 언행과 지행이 일치된 생활로 일관하는 모습을 주변에 보여주었다. 그는 언제나 정중한 자세로 부단히 활동하며 연구 노력하고 국내외의 전반적인 정세와 세태를 연구 조사했다. 그리고 그는 새 세대를 기르는 일에 몰두하며 재단법인 박열장학회를 설립한다.

> 박열장학회가 창설되었다. 토지, 공장, 유가증권 등 약 5천만 원의 기금을 확립한 동 장학회에서는 국가백년대계를 위한 유능한 인재를 양성하기 위하여 향학열에 불타면서도 학비가 없어서 고통을 받고 있는 청년학도를 선발하여 해외, 특히 일본유학을 알선하리라고 하는데 동 장학회 피로 간담회가 지난 12일 오후 5시 반부터 시내명동 경제구락부에서 안호상 문교, 이종현 농림, 이윤영 사회, 김효석 내무, 명제세 심계, 신태익 법무 등 각 부처장관과 김성수, 조소앙, 안재홍, 유동열, 이묘묵 등 각계인사와 실업계, 언론계 대표 등 80여 명 참석리에 열리었는데 한호상 문교장관의 치사와 장학회 측에서 취지 정관의 설명과 임원발표가 있었고 박열씨의 인사말에 뒤이어 조소앙, 안재홍 양씨의 축사가 있은 후 폐회하였다.
>
> -『동아일보』 1947년 7월 15일

박열은 출옥 후 도쿄에서 박열장학회를 설립하여 민단과 재일조선인의 후생 복지와 교육에 힘썼다. 이를 기초로 하여 서울에서 조선호텔에 재단법인 박열장학회 사무실을 마련하고 박열문화연구소도 설립했다.

조국 땅 대한민국에서 제일 급선무로 요망되는 것이 장학사업이라고 판단하고 조국의 장래를 짊어질 인재를 양성하여 배출하는 것이 절실하다고 생각했던 것이다. 박열은 인재들에게 학업의 기회를 마련해 주어 국가의 동량으로 만들고자 이를 위해 각계 인사들을 찾아 꾸준히 면담하여 장학회에 동참하도록 했다.

그러면서 그는 일본사회에서의 생존권 문제와 국내외적으로 조국이 처한 현실문제에 따른 통일 독립국가 건설을 위한 제반 여건과 문제점들을 지적했다. 그리고 각계각층 청년지도자들에게 해야 될 일들에 대해 열정을 토로했다.

1949년 6월 23일 그는 자신의 지난 날 23년 동안의 옥중생활을 되돌아보며 마포형무소를 방문한다. 형무소장의 안내로 박열은 형무소의 여기저기를 천천히 둘러보았다. 작업장의 시설도 보고 감방도 돌아보았다. 그리고 수감자들의 생활 실태를 일일이 살펴주었다. 당시 마포형무소는 반민법에 걸린 친일파들이 수감되어 박열로 하여금 만감이 교차하게 만들었다. 박열은 이들의 수형 모습을 직접 바라보며 격세지감을 느꼈다.

1949년 8월 5일 금요일 오전 8시 박열은 서울역에서 해방자호 열차편으로 고향방문길에 올랐다. 서울을 떠난 지 7시간이 지난 오후 3시 대구에 도착하였다. 그는 33년 전 1916년 3월 경성고등보통학교 사범과 입학을 위해 도지사 추천 면접시험을 보러 대구에 방문한 적이 있었다. 경북지사 정현모와 경찰국장 조재천이 역 구내까지 들어와 박열을 영접하고 수많은 남녀 학생들도 태극기를 흔들며 박열을 맞이하였다.

그는 대구 동양호텔에 임시 여장을 풀고 도청 회의실에서 열린 관민환영대간담회에 참석하였다.

박열은 지나온 항일투쟁을 뽐내는 일이 없었다. 기나긴 옥중생활은 인생 훈련을 위한 좋은 수련도장이라고 하였다. 이때 함창보통학교 은사 이순의 선생님을 만났다. 이순의 선생님은 제자 박열을 만나기 위해 도청회의실로 찾아왔다. 33년 만에 만난 극적 장면이었다. 두 사람은 서로 껴안고 회한의 눈물을 흘렸다.

"자네 박열군 아닌가? 살아 돌아와 주어서 고맙네, 고생 많았지, 자네 같은 훌륭한 독립운동가가 있어 우리나라가 독립했어, 감사하네"

"선생님, 이렇게 먼 길 찾아주셔서 고맙습니다. 나라를 위해 열심히 하겠습니다. 좋은 세상을 기다리시고 부디 건강하십시오."

이순의 선생님은 민족주의 교육가였다. 일제하 교직에서 쫓겨나 사학으로 다녔다. 해방 후 영천 자천초등학교 교장으로 근무하고 있었다. 이순의 선생님은 함창보통학교 근무할 당시 상주경찰서로 불려가 여러 번 심문을 받았다.

"박열에게 조선역사를 가르쳤을 뿐 아니라 대역부도하라고 가르쳤구나."

"내가 박열에게 조선사 가르친 것은 사실이나 대역부도하라는 말은 아니 하였소. 그것은 속담에 청출어람청어람靑出於藍靑於藍이라고, 그는 나보다 일보 전진하였소."

이순의 선생님은 일제가 금지하는 조선역사와 우리말 우리글을 가르쳤고 학생들에게 민족의식을 불어넣어주었다.

행복했다. 고향에 갔고 그의 스승 이순의 선생님을 만났던 것이다. 이순의 선생님은 투사 박열이 있게 만든 큰 어른이셨다.

한국전쟁과 북한으로

1950년 한국전쟁이 일어났다. 3년 1개월에 걸친 한국전쟁은 한반도 전체를 폐허로 만들었고, 유엔군을 비롯한 참전한 외국의 병력까지 극심한 피해를 입었다.

전쟁이 발발한 이후 박열은 남대문 근처 조선호텔에 머물면서 장학사업을 하며 사태를 주시하고 있었다. 이런 그를 주목하던 지하당원이 그를 연행하여 감금했다. 임정 요인들과 함께 박열은 안재홍, 백관수, 조헌영, 방응모 등과 강제 연행되었던 것이다. 북으로 끌려간 다른 납북인사들의 소식과 함께 박열에 대해서는 잘 알려져 있지 않다. 흩어져 있는 자료 속에 북한에서 그의 행적은 다음과 같다.

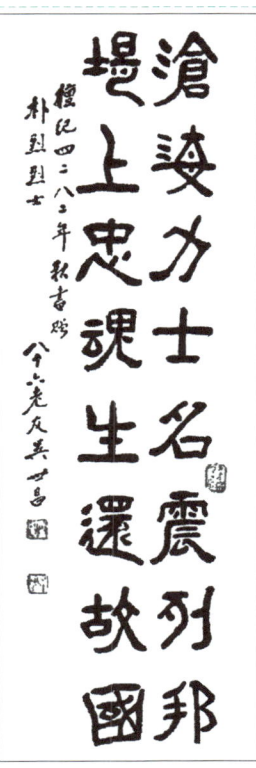

박열의사 추도식(1974년 2월 8일)에 오세창 선생이 쓴 친필 휘호

- 1950년 7월부터 1954년 4월까지 평양 인근 납북자들 합숙소에 나뉘어 생활
- 1950년 11월중 강계에서 약간 떨어진 약수동 일대 농가에서 합숙(김규식, 조소앙, 원세훈 등과 함께 지냄). 당시 박열의사는 심한 고열로 코피를 쏟으며 밤낮을 지냈다고 납북자들의 북한생활을 기술한 「죽음의 세월(동아일보)」에서 전함.
- 1950년 12월 2일 조국통일전선위원회(약칭 조통)에서 제공한 별오리 합숙소에 수용. 이곳에서 공산주의 이론강의와 사상검토 등 집중적인 회유 및 개조공작이 시작
- 1954년 4월 평양 인근에서 합숙생활을 하다가 조통의 지시로 평양 모란동 고가古家로 와서 합숙생활
- 1955년 일본 조련계 간부들이 북한을 방문하고 박열을 방문하기 원하여 대일 전략에 이용됨. 이후 북한정권에서 일본재일교포 북송 및 선전을 위해 적극적으로 활용하였고 대일 대남방송을 강제로 함.
- 1955년 6월 20일 재북평화통일촉진회 발기인 대회개최(평양 중앙방송위원회 소회의실), 준비위원으로 선임됨(준비위원 총25인).
- 1955년 7월 2일 오후 1시 모란봉 극장에서 "재북평화통일촉진회" 결성대회를 개최되었다. 안재홍 개회사가 있고, 조소앙이 재북평화통일촉진협의회의 결성과 임무를 보고했다. 그리고 박열이 상무위원 겸 집행위원으로 선임되었다. 그날 대동강호텔 연회장에서 개최된 결성대회 축하연에서 조국전선의 최성환과 박열 사이에 의

견다툼이 있어 최성환의 늑골이 부러지는 일이 발생했다.

1956년 7월 2일 오후 1시 모란봉극장에서 대회가 열렸다. 400여 명의 납북인사와 월북인사, 300여 평양시내 각 기관, 업소 인사들이 극장을 메웠다.

당시 집행부의 주석단에는 조소항, 안재홍을 비롯해 박열 등이 참석했다. 대회에서는 박열을 비롯해 윤기섭, 오하영, 엄항섭, 원세훈, 조헌영 등이 토론에 참가했다. 재북평화통일촉진협의회가 민족세력으로서 독자적으로 존재하여 민족진영의 목소리로 평화통일로 매진할 것을 다짐했다. 박열을 비롯한 조헌영, 양재하 등은 재북평화통일촉진회의에 몸 담았다. 그리고 상무위원과 최고위원, 회장으로 활동하다 남은 인생을 마감했다.

이 단체는 남북한 자유왕래와 교류, 총선거 실시와 통일헌법 제정 등 5단계에 걸친 통일방안을 제시했다. 북한의 소식통은 1974년 1월 당시 재북평화통일촉진협의회 회장 박열이 사망했다는 소식을 전해왔다. 그는 북한에서 73세의 나이로 영면했다.

06 글을 마치며

일제에 대항한 박열은 항일운동으로 시종일관했다. 그의 생애에서 민족의식을 갖게 된 결정적 계기는 이순의 선생님의 말씀이었다. 일본의 압력에 못이겨 거짓교육을 했다는 선생님의 말씀은 박열에게 큰 충격이었다. 그는 향학열을 불태워 민족을 위해 헌신할 것, 후진을 양성할 것을 다짐했다.

그는 보통학교를 졸업하고 서울로 올라가 넓은 세상과 만나게 된다. 경성고등보통학교는 제도화된 일본제국주의 교육의 한계를 느끼게 했다. 범사회주의적 생각을 갖기 시작하면서 그는 학교 공부에 만족하지 못하고 교외활동에 적극 나섰다. 그는 여기에서 다시 한 번 무엇이 할 일인지 찾게 되었다. 3·1만세운동에 참가하면서 박열은 국내에서 항일운동을 하기 힘들다고 판단하고 일본행을 결심했다.

박열은 도쿄에서 새로운 사조와 만났다. 그는 아나키즘을 만나면서 인간과 인간 사이의 절대자유와 평등에 주목했다. 여기에서 나아가 직접행동에 의한 일제 권력에 대한 대항을 생각했다.

그는 사상운동의 한계를 일본 생활 속에서 확신하게 되었다. 그리고 황태자 결혼식을 직접행동의 대상으로 선택했다. 행동으로 옮기기 위한 폭탄을 준비하는 것은 그가 생각한 가장 효과적인 방법이었다. 운동과 삶이 하나였던 그에게 두려울 것은 없었다.

1923년 관동대지진은 조선인이 학살당한 사건이 되었다. 아나키스트로, 항일운동을 하던 박열에게도 보호검속이라는 일이 발생했다. 박열과 가네코 후미코는 연행당해 결국 재판을 받았다. 그는 대역 죄인이 되었다. 그러나 공판장의 박열은 떳떳하게 오히려 기개를 갖고 임했다. 박열은 자신은 피고가 아니라는 주장을 굽히지 않고 한복을 입었다. 일제의 왜곡된 재판을 근본적으로 부정했다. 사형선고와 무기징역이 그의 의식을 근본적으로 바꾸지 못했다.

본질적으로 그는 항일운동가이며 아나키스트, 그리고 휴머니스트였다. 일제의 끝없는 전향 공작이 박열을 근본적으로 바꿀 수 없었다. 조작을 통해 만들어진 그와 관련된 각종 글들은 옥중투쟁의 그에게는 그리 중요하지 않았던 것이다. 해방되자 그는 감옥에서 나오게 된다.

1945년 10월 27일 22년 2개월 만에 형식적으로는 감옥생활을 마치고 자유의 몸이 되었다. 박열에게 수형생활은 자신을 단련하는 기간이었다. 오랫동안의 사색과 체력단련을 통해 그는 건강과 강인한 정신, 인간애를 감옥에서 체득했다. 그리고 옥중투쟁의 끝에 해방의 기쁨을 민족과 함께하며 민족지도자 박열로 돌아왔다.

해방 이후 일본의 조선인은 기쁨과 함께 혼돈의 상황에 처해 있었다. 그는 사상을 넘어선 민족적 화합을 주장하며 민족주의에 기초한 청년과

박열의사 기념관 전경

박열의사 기념공원

민족의 진로를 고민했다. 박열은 '민족반역자'들에게 반성하고 '민족해방전선'에 함께 하자는 시대를 앞선 사고를 갖고 있었다. 그리고 세계 평화의 근본적인 원리와 사상은 '조화' 속에서 가능하다고 했다. 그는 여기에서 제3의 길을 주장했다. 나아가 노동자와 자본가의 합의에 따른 경영협의회의 결성을 계급 문제의 방안으로 제시했다.

박열은 재일조선인 사회의 민족 대표가 되었다. 민족적 추대로 재일조선거류민단의 단장이 되어 조직 활동을 했다. 식민지민에서 해방민족이 된 조선인에게 일본사회 속 정치적·경제적·민족적 권리는 중요했다. 그에게 시대는 여기에서 머물게 하지 않았다. 그는 전 조선과 한민족을 위해 활동의 장을 국내로 옮겼다.

그가 고향 땅을 떠나 공부를 한 첫 출발점이 바로 후학을 기르는 것으로 평생 인재양성을 중요하게 여겼다. 귀국 후 고국에서의 출발을 여기에서 시작했다.

그는 비록 많은 시간 옥중에 있었지만 항일의 중심에서 한 번도 멀어진 적이 없었다. 아나키스트로 시대를 격한 그의 사상은 오늘의 우리에게 시대를 보는 새로운 메시지를 주고 있다.

박열의 삶과 자취

1902. 3. 12	(음 2월 3일) 문경군 호서남면 모전리(현 문경시 모전동 311번지) 출생. 박지수와 정선동의 1녀 3남 중 막내. 초명 혁식, 호적 준식
	문경군 마성면 오천리 98번지(샘골)로 이주하여 성장
1906	아버지 사망 형 정식이 호주 상속 — 논밭 10두락씩 상속 받음
1908~1910	서당에서 『천자문』, 『동몽선습』, 『치감강목』, 『통감』 등 수학
1909	혁식을 민적법 시행으로 준식으로 개명, 일명 열
1911~1915	함창공립보통학교(4년제) 다님
1916	3월 24일 함창공립보통학교 졸업(3회), 4월 8일 경성고등보통학교 사범과 입학
1919	경성고등보통학교 3년 재학 중 3·1독립만세운동 참여. 경찰의 추적을 피해 고향으로 돌아옴
1919. 10	일본 도쿄로 건너감. 도쿄에서 세이소쿠영어학교에 다님.
1920~1921	형 정식과 두식 등 가족이 문경군 마성면 오천리(샘골) 98번지에서 상주군 화북면 장암리 870번지로 이사. 1936년 형의 가족들이 충북 진천군 이월면 노은리 847번지로 이주
1920	일본의 사상가 아나키스트인 오스기 사카에, 사카이 도시히코, 이와사 사쿠타로와 교유
1920. 11	재도쿄 조선인 학생 의거단 결성. 의거단은 철권단→혈권단, 박살단, 혈거단(1921년 11월) 으로 개칭. 김약수, 원종

	린, 정태성 등과 고학생동우회 결성, 회원 50명
1921. 1	박열, 정태성, 김천해, 최갑춘, 이기동, 유진걸, 박일병, 김약수 등 재일조선인고학생동우회 확대 개편
1921. 4	박열, 서울에서 이강하 등과 조선 최초의 아나키스트 단체 흑로회 조직
1921. 11	도쿄기독교청년회관 흑도회 창립대회 개최. 박열, 정태신, 김약수, 조봉암, 원종린, 김판국, 정태성, 서상일, 황석우 등 조선인 아나키스트, 사회주의자 참가. 일본외항 선원 스기모토 사다이치 외국에서 폭탄 입수 의뢰
1922. 1	박열, 정태성, 김약수 등과 재일조선인고학생동우회에서 "전국 노동자 제군에 격함" 발표. 재일조선인고학생동우회가 고학생 및 노동자 구제기관이 아니라 계급투쟁의 직접적 행동기관임을 선언
1922. 2	박열, 원종린 등 11명 연명으로 『조선일보』에 「동우회 선언」 발표
1922. 2	상해 대한민국임시정부의 일원 최혁진 서울의 파괴계획 연락. 박열과 에도가와공원에서 만남
1922. 2	박열, 가네코 후미코 만남. 도쿄에서 가네코 후미코가 『청년조선』 교정 중 정우영을 통해 「개새끼」라는 시를 읽고 감동받음
1922. 5	박열, 가네코 후미코 동거 시작
1922. 5. 1	메이데이행사에 흑도회 참가
1922. 7. 10	박열, 가네코 후미코 흑도회 기관지 『흑도』 창간
1922. 7	니이카다현 탄광 조선인 노동자 100여명 살해사건에 대해 박열 주도로 흑도회 진상규명, 항의투쟁, 규탄연설회 개최

1922. 8	시노가와댐공사 조선인학살사건 현장조사. 조사위원 박열, 김약수, 라경석, 백무.『흑도』제2호 간행
1922. 9. 7	도쿄기독교청년회관 조선인노동자학살문제연설회 개최
1922. 9	서울의 니이카다현 조선인학살사건 조사회 초청으로 경운동천도 교회당에서 박열 연설. 조선무산자동맹 위원 김한 면담
1922. 10~11	도쿄 오오시마제강소 쟁의 박열 지원
1922. 11	재경조선인 아나키스트 흑우회 조직. 박열, 가네코 후미코『후테이센징』창간. 박열, 서울의 의열단원인 김한에게 폭탄 입수 의뢰
1922. 12	『후테이센징』제2호 발간
1923. 1. 12	김한, 의열단원 김상옥사건 관계 혐의 체포. 박열 폭탄 입수 계획 좌절. 서울 도착한 박열 김한과 면담
1923. 3. 15	박열, 가네코 후미코『현사회』(『후테이센징』개제) 제3호 발행
1923. 4	중순 불령사 설립. 박열 외 5명 동아일보 주필 장덕수를 간다 다카라테이에서 구타. 박열, 간다서에 검거. 이치가야형무소에 투옥되자 간수와 난투극을 벌임
1923. 4. 26	조선인 김중한 서울에서 도쿄 방문 박열 면담
1923. 5	후세 다츠지, 박열 관련 조선인 불법감금규탄연설회 도쿄 간다 조선기독교청년회관에서 개최
1923. 5. 20	박열, 김중한 폭탄입수계획 상해 연락 의뢰
1923. 6. 30	『현사회』제4호 간행
1923. 8. 3	흑우회「조선문제연설회」간다 기독청년회관에서 개최
1923. 9. 1	관동대지진 발생 조선인 학살당함
1923. 9. 3	박열, 가네코 후미코 보호 검속됨

1923. 9. 4	박열, 가네코 후미코를 경찰범 처벌령으로 구류 연장
1923. 10. 20	도쿄지방재판소 검사국 치안경찰법 위반 용의로 기소
1923. 10. 22	피기소자 박열, 가네코 후미코 외 14명 도쿄지방재판소의 예심 판사 불령사 전원에 대해 예심
1923. 10. 24	대역죄혐의로 구속 기소 재판 호부. 1925년 6월 6일까지 17회의 도쿄지방재판소 예심 받음
1924. 2	『일본 권력자계급에 전한다』 저술
1924. 12. 3	『나의 선언』 저술
1924. 12. 29	『무위도식론』 저술
1925. 3	『음모론』 저술
1925. 7. 17	박열, 가네코 후미코 "대역죄" 폭발물취제규칙 위반 용의로 기소. 대심원 제2특별형사부, 박열과 가네코 후미코 형법 제73조 대역죄 적용 공판개시 결정
1926. 2. 26	대심원 대역사건 제1회 공판. 박열은 조선예복, 가네코 후미코는 한복 착용
1926. 2. 27	제2회 공판
1926. 2. 28	제3회 공판
1926. 3. 1	제4회 공판
1926. 3. 23	우시고메구역소에 박열, 가네코 후미코 혼인계 제출
1926. 3. 25	박열, 가네코 후미코 사형선고 받음
1926. 4. 5	박열, 가네코 후미코 무기 감형
1926. 4. 6	박열, 이치가야형무소에서 지바형무소로 이감
1926. 7. 23	가네코 후미코, 우츠노미야형무소 도치기지소에서 옥중 자결(향년 23세)「나를 왜 이토록 만들었는가」등 옥중수기 4권과 단가 230 수를 남김. 가네코 후미코 유골, 박열의 고

	향 문경 팔령 선영에 안장
1931. 11	어머니 정선동 사망
1936. 7	지바형무소에서 코스게형무소로 이감
1943. 8	코스게형무소에서 아키타형무소 이감
1945. 8. 15	정오 일본천황 무조건 항복 수락. 한국 해방
1945. 10. 15	도쿄 히비야공회당 재일본조선인연맹 결성대회에서 박열 석방 청원 데모
1945. 10. 27	아키타형무소 오다테지소에서 22년 2개월 만에 석방. 재일본조선인연맹 아키타현본부 주최 오다테역 광장에서 박열 출옥환영회 개최
1945. 11. 16	조선건국촉진청년동맹 결성
1945. 12. 8	도쿄 히비야음악당에서 "박열환영회" 개최
1946. 1. 20	신조선건설동맹 결성. 위원장 박열, 부위원장 이강훈, 원심창
1946. 2. 19	조선건국촉진청년동맹 주최 이봉창, 윤봉길, 백정기 3열사 추도회 개최
1946. 3. 25	박열후원회 일본총본부 주최 "박열선생부인 금자문자 여사 추도회" 도쿄 간다 이치바시공립강당에서 개최
1946. 2. 6	백범 김구선생의 부탁을 받아 3의사(윤봉길, 이봉창, 백정기) 유해봉환 추진위원장으로 세분 열사의 유해를 발굴 본국으로 이송
1946. 10. 3	재일조선거류민단 창단. 단장 박열, 부단장 이강훈, 사무총장 원심창. 이후 5대 단장 역임
1946. 12. 10~ 1947. 4. 8	일본 도쿄를 거쳐 미국을 방문하고 돌아오는 이승 만박사와 제국호텔에서 2차례 회담

1947. 2. 15	도쿄청년회관에서 장의숙과 결혼
1947. 6. 30	박열, 『민단신문』에 「건국운동에서 공산주의를 배격한다」 발표
1947. 10. 1	박열, 민단 정기대회에서 이승만계열의 남한 단독정부 수립 노선을 적극 지지
1948. 2. 10	박열, 재일조선인거류민단 단장직 사임 발표
1948. 4	박열, 사설기관 박열장학회, 박열문화연구소 설치
1948. 7. 1	이승만으로부터 '대한민국 임시정부 국무위원' 임명 받음
1948. 8. 10	『신조선혁명론』 저술
1948. 8. 15	대한민국정부 수립 및 광복축전에 박열 외 13명 참석
1948. 10. 8	재일본대한민국거류민단 개칭
1949. 4. 1	민단 제6회 대회에서 단장 사임
1949. 5. 4	영구귀국 서울 도착. 재단법인 박열장학회 설립
1949. 8. 5	대구방문(2박 3일)
1949. 8. 7	문경방문(2박 3일)
1950. 6. 25	한국전쟁 발발
1950. 6. 28	서울에서 피랍, 납북
1973. 7. 23	문경읍 팔령리에 가네코 후미코여사비 건립추진위원회의 주선으로 묘비 제막식 거행
974. 1. 17	북한에서 사망. 재북평화통일촉진협의회장(향년 73세)
1974. 2. 8	서울 명동 YWCA 강당에서 곽상훈 추도위원장 외 1,000명 참석한 가운데 박열의사추도식 거행
1976. 2. 12	부인 장의숙여사 사망(58세). 경기도 파주시 금촌공원 묘지에 매장. 아들 영일, 딸 경희를 둠
1985. 2. 28	대구 MBC 3·1절 특집 목요스페셜 『이 땅 이 사람들-항일

	운동가 박열』 방영
1989. 3. 1	대한민국건국훈장 대통령장(제85호) 추서
1991. 11. 21	박열 등 15명 납북독립유공민족지도자추모제 거행(국립묘지 현충관)
1993. 6. 1	대한민국 국가유공자 지정(12-181호)
1999. 9. 13~21	안동 MBC 창사특집 다큐멘타리 2부작 『역사속의 인물-잊혀진 혁명가 박열, 가네코 후미코』 방영
2001. 10. 10	법인설립 허가(국가보훈처 2001-34호)
2001. 10. 30	사단법인 박열의사 기념사업회 설립
2004. 6. 28	박열의사 생가 문화재 지정(경북지방문화재 148호)
2012. 10. 9	박열의사기념관 경상북도 문경시 마성면 샘골길 44번지에 개관

참고문헌

자료

- 『民團新聞』, 『조선신문』, 『民族時報』, 『동아일보』, 『영남일보』, 『조선일보』, 『중앙일보』, 『한국일보』
- KBS 2005년 8월 9일 방송
- 박열의사기념관(http://www.parkyeol.com/)
- 독립영웅 박열의사 추모회(club.cyworld.com/parkyeol)
- 독립운동가 박열의사 추모회(http://cafe.naver.com/parkyeol/)
- 문경향토역사관(http://blog.naver.com)
- 세이소쿠학원고등학교홈페이지(http://www.seisokugakuen.ac.jp/)
- 재일본대한민국민단 홈페이지(http://www.mindan.org/kr/)

저서

- 『고등경찰요사』, 경상북도경찰부, 1934.
- 布施辰治 外, 『運命の勝利者朴烈』, 世紀書房, 1946.
- 朴烈, 『新朝鮮建國の指標』, 善隣育英會, 1947.
- 布施辰治 著, 姜一錫 譯, 『朴烈鬪爭記』, 朝鮮社出版部, 1948.
- 朴烈, 『新朝鮮革命論』, 1948.
- 朴烈, 『政黨人に望む』, 朴烈文化研究所, 1948.
- 坪江豊吉, 『在日朝鮮人運動の槪況』, 法務研修所, 1959.
- 조철, 『납북인사들의 생활실록: 죽음의 세월』, 성봉각, 1960.
- 瀨戶內晴美 著, 琴鏞振, 楊鍾泰 共譯, 『運命의 勝利者 : 朴烈의 日本人妻 가

- 네꼬 후미꼬의 傳記』, 相一文化社, 1973.
- 再審準備會 編, 『朴烈・金子文子裁判記錄 : 最高裁判所藏』, 黑色戰線社, 1977.
- 무정부주의운동사편찬위원회, 『한국아나키즘운동사-전편』, 형설출판사, 1978.
- 姜徹, 『在日朝鮮人史年表』, 雄山閣, 1983.
- 『民團40年史』, 在日本大韓民國居留民團, 1987.
- 朴慶植, 『解放後在日朝鮮人運動史』, 三一書房, 1989.
- 권일, 『권일회고록』, 도서출판 한민족, 1989.
- 鄭忠海 著, 井下春子 譯, 『朝鮮人徵用工の日記』, 河合出版, 1990.
- 최영호, 『재일한국인과 조국광복-해방직후의 본국귀환과 민족단체활동-』, 글모인, 1995.
- 김삼웅 지음, 『박열 평전』, 가람기획, 1996.
- 김인덕, 『식민지시대 재일조선인운동 연구』, 국학자료원, 1996.
- 『民團50年史』, 在日本大韓民國民團, 1997.
- 오장환, 『한국 아나키즘운동사 연구』, 국학자료원, 1998.
- 진희관, 『조총련연구-역사적 성격을 중심으로-』, 동국대학교대학원 박사학위논문, 1998.
- 김명섭, 『재일 한인아나키즘운동 연구』, 단국대학교 박사학위논문, 2001.
- 황용건, 『(항일독립투사) 박열, 잃어버린 역사를 찾아서』, 한빛, 2002.
- 야마다 쇼지 저, 정선태 역, 『가네코 후미코 : 식민지 조선을 사랑한 일본 제국의 아나키스트』, 산처럼, 2003.
- 『독립운동사사전』7, 독립기념관 한국독립운동사연구소, 2004.
- 박열 지음, 서석연 옮김, 『신조선 혁명론』, 범우사, 2004.
- 김인덕, 『재일본조선인연맹 전체대회 연구』, 선인, 2007.
- 김성국, 『한국의 아나키스트, 자유와 해방의 전사』, 이학사, 2007.
- 박병헌, 『숨 가쁘게 달려온 길을 멈춰 서서(전 재일민단 단장 박병헌의 회고

- 록)』, 재외동포재단, 2007.
- 최태규, 『복받은 삶』, 평양출판사, 2007.
- 김명섭, 『한국 아나키스트들의 독립운동-일본에서의 투쟁-』, 이학사, 2008.
- 김인덕·김도형, 『1920년대 이후 일본·동남아지역 민족운동』, 독립기념관 한국독립운동사연구소, 2008.
- 가네코 후미코 지음, 정애영 옮김, 『무엇이 나를 이렇게 만들었는가』, 이학사, 2012.
- 국제고려학회, 정희선. 김인덕. 신유원 역, 『재일코리안사전』, 선인, 2012.
- 鄭榮桓, 『朝鮮獨立への隘路-在日朝鮮人の解放五年史-』, 法政大學出判局, 2013.

- 布施辰治, 「二十三個年 在獄한 獄中 英雄」, 『三千里』(5), 한빛, 1948. 9.
- 布施辰治, 「朴烈의 大逆事件 眞相」, 『白民』(16), 白民文化社, 1948. 10.
- 박열, 「나의 옥중잡영」, 『三千里』(14), 한빛, 1949. 12.
- 林光澈, 「在日朝鮮人問題」, 『歷史學研究別冊』, 1953.
- 김인덕, 「학우회의 조직과 활동」, 『국사관논총』(66), 1995.
- 이호룡, 「박열의 무정부주의 사상과 독립국가 건설 구상」, 『韓國學報』(87), 일지사, 1997. 6.
- 오장환, 「1920년대 재일한인 아나키즘운동 소고」, 『한국민족운동사연구』(17), 한국민족운동사연구회, 1997. 12.
- 김명섭, 「黑濤會의 결성과 활동(1921~1922)」, 『史學志』(31), 1998. 12.
- 김광열, 「大正期 일본의 사회사상과 在日韓人」, 『日本學報』(42), 1999. 6.
- 김태준, 「朴烈과 金子文子 : 아나키즘과 민족주의의 발자취」, 『翰林日本學研究』(4), 翰林大學校翰林科學院日本學研究所, 1999. 11.
- 김명섭, 「朴烈·金子文子의 反天皇制 鬪爭과 아나키즘 認識」, 『韓日民族問題研究』(4), 韓日民族問題學會, 2003. 6.
- 김성국, 「아나키스트 박열의 개인주의, 허무주의 그리고 세계주의」, 『韓日硏

究』(15), 韓國日本問題研究學會, 2004.
- 김인덕, 「재일동포가 걸어온 두 갈래 길, 민단과 조총련」, 『한일관계 2천년 보이는 역사, 보이지 않는 역사』, 경인문화사, 2006.
- 김명섭, 「박열의 항일투쟁과 신조국건설운동」, 『통일로』(232), 안보문제연구원, 2007. 12.
- 전상숙, 「박열의 무정부주의와 민족의식」, 『동양정치사상사』(7-1), 한국·동양정치사상사학회, 2008. 3.
- 성주현, 「해방 후 원심창의 민족운동과 통일운동」, 『한국민족운동사연구』(65), 한국민족운동사학회, 2010. 12.
- 김명섭, 「박열의 일왕폭살계획과 옥중투쟁」, 『한국아나키스트독립운동가 선양사업과 지방분권』, 2013.
- 황용건, 「불굴의 항일독립투사 박열」(미간행 초고), 2013.

찾아보기

ㄱ

가네코 기쿠 125
가네코 후미코 묘소 130
「개새끼」 70
경성고등보통학교 30
고경흠 156
관동대지진 83
괴사진 130
구로자와 아키라 86
권일 147
김광남 147
김명섭 6
김민화 142
김삼웅 6
김성환 153
김약수 63
김원우 39
김정주 147
김정홍 142
김중한 74

ㄴ

나경석 63
『나의 선언』 11, 103

납북인사 169
니야마 하츠요 75

ㄷ

대역죄 100
대한민국 정부 161
도쿄조선고학생동우회 52, 54
독극물 87
『독립신문』 89
동아연맹 143

ㅁ

마키노 기쿠노스케 121
마포형무소 167
모전리 21
무조건 항복 136
문경군 21
『민단 40년사』 146
『민단신문』 161

ㅂ

박살단 48
박애주의자 10

187

박열장학회　166
박열환영회　145
박정진　146
박준식　23, 104
방응모　169
백관수　169
불령사　93

ㅅ

사에키 분이지　125
사이토 마고토　88
3·1만세운동　35
3·1절 기념식　159
3열사들의 유해송환　149
상애회　143
『상호부조론』　42
서상경　19
서종실　147, 153
성산조합　23
세이소쿠영어학교　41
신조선건설동맹　143, 146, 147
『신조선혁명론』　5

ㅇ

아나키스트　10
아나키즘　42
아키타현　139
안광천　67
안재홍　169
RB생　57
열생　57

영구귀국　165
오오다테역　139
오천리　21
「옥중가」　132
요시노 사쿠조　43
우츠노미야형무소　124
『운명의 승리자 박열』　111
원심창　156
원종린　46
육홍균　93
윤근　142
『음모론』　12
의거단　46
의권단 선언문　47
의열단　56
의열투쟁　95
이강　59
이순의 선생님　29, 168
이승만　159
이여성　67
이와사 사쿠타　45
이원유　153
이은상　14
이치가야형무소　106
2·8독립선언　51
이헌　67
일심회　143

ㅈ

장덕수　48
장의숙　13
재북평화통일촉진협의회　171

재일본조선거류민단　156
재일본조선인연맹　142
전상호　153
정원진　139
정재달　46
정찬진　147
정충해　138
정태성　44
제국호텔　159
조명희　46
조선건국촉진청년동맹　143, 153
조선불교유학생학우회　53
조선인민공화국　144
조영주　147
조헌영　169
지바형무소　113

ㅊ

『척후대』　67
천도교청년회　54
최규종　93
최성환　170
최영환　77

ㅋ

크로포트킨　42

ㅍ

폭탄 구입　72
필란트로피스트　10

ㅎ

함창보통학교　27
해방　141
혁명가　97
현사회　51
혈권단　48
협화회　143
홍진유　94
홍현기　147, 156, 160
활랑생　57
황석우　46
황태자 결혼식　107
후세 다츠지　48
후지시타 이사부로　146
후테이센징　77
흑기연맹　102
『흑도』　55
흑도회　5, 55
흑색전선연맹　116
흑색청년연맹　116
흑우회　79, 94
히로히토　136
히비야공회당　160

극일에서 분단을 넘은 박애주의자 박열

1판 1쇄 인쇄 2013년 11월 28일
1판 1쇄 발행 2013년 12월 5일

글쓴이   김인덕
기 획   독립기념관 한국독립운동사연구소
펴낸이   김능진
펴낸곳   역사공간
            서울시 마포구 서교동 463-31 플러스빌딩 3층
            전화 : 02-725-8806~7, 팩스 : 02-725-8801
등록   2003년 7월 22일 제6-510호
ISBN 978-89-98205-36-2 03900

*잘못된 책은 바꿔 드립니다.

사공간이 펴내는 '한국의 독립운동가들'

립기념관은 독립운동사 대중화를 위해 향후 10년간 100명의 독립운동가를 선정하여,
들의 삶과 자취를 조명하는 열전을 기획하고 있다.

- 근대화의 선각자 - 최광옥의 삶과 위대한 유산
- 대한제국군에서 한국광복군까지 - 황학수의 독립운동
- 대륙에 남긴 꿈 - 김원봉의 항일역정과 삶
- 중도의 길을 걸은 신민족주의자 - 안재홍의 생각과 삶
- 서간도 독립군의 개척자 - 이상룡의 독립정신
- 고종 황제의 마지막 특사 - 이준의 구국운동
- 민중과 함께 한 조선의 간디 - 조만식의 민족운동
- 봉오동·청산리 전투의 영웅 - 홍범도의 독립전쟁
- 유림 의병의 선도자 - 유인석
- 시베리아 한인민족운동의 대부 - 최재형
- 기독교 민족운동의 영원한 지도자 - 이승훈
- 자유를 위해 투쟁한 아나키스트 - 이회영
- 간도 민족독립운동의 지도자 - 김약연
- 대한민국 임시정부의 민족혁명가 - 윤기섭
- 서북을 호령한 여성독립운동가 - 조신성
- 독립운동 자금의 젖줄 - 안희제
- 3·1운동의 얼 - 유관순
- 대한민국임시정부의 안살림꾼 - 정정화
- 노구를 민족제단에 바친 의열투쟁가 - 강우규
- 미 대륙의 항일무장투쟁론자 - 박용만
- 영원한 대한민국임시정부의 요인 - 김철
- 혁신유림계의 독립운동을 주도한 선각자 - 김창숙
- 시대를 앞서간 민족혁명의 선각자 - 신규식
- 대한민국을 세운 독립운동가 - 이승만
- 한국광복군 총사령 - 지청천

- 026 독립협회를 창설한 개화·개혁의 선구자 - 서재필
- 027 만주 항일무장투쟁의 신화 - 김좌진
- 028 일왕을 겨눈 독립투사 - 이봉창
- 029 만주지역 통합운동의 주역 - 김동삼
- 030 소년운동을 민족운동으로 승화시킨 - 방정환
- 031 의열투쟁의 선구자 - 전명운
- 032 대종교와 대한민국임시정부 - 조완구
- 033 재미한인 독립운동의 표상 - 김호
- 034 천도교에서 민족지도자의 길을 간 - 손병희
- 035 계몽운동에서 무장투쟁까지의 선도자 - 양기탁
- 036 무궁화 사랑으로 삼천리를 수놓은 - 남궁억
- 037 대한 선비의 표상 - 최익현
- 038 희고 흰 저 천 길 물 속에 - 김도현
- 039 불멸의 민족혼 되살려 낸 역사가 - 박은식
- 040 독립과 민족해방의 철학사상가 - 김중건
- 041 실천적인 민족주의 역사가 - 장도빈
- 042 잊혀진 미주 한인사회의 대들보 - 이대위
- 043 독립군을 기르고 광복군을 조직한 군사전문가 - 조성환
- 044 우리말·우리역사 보급의 거목 - 이윤재
- 045 의열단·민족혁명당·조선의용대의 영혼 - 윤세주
- 046 한국의 독립운동을 도운 영국 언론인 - 배설
- 047 자유의 불꽃을 목숨으로 피운 - 윤봉길
- 048 한국 항일여성운동계의 대모 - 김마리아
- 049 극일에서 분단을 넘은 박애주의자 - 박열